Fonaments d'informàtica
PRÀCTIQUES DE LABORATORI

J. Marco
F. Xhafa
PP. Vázquez

UPC   Edicions UPC
UNIVERSITAT POLITÈCNICA DE CATALUNYA

Primera edició: setembre de 2006
Segona edició: setembre de 2008
Reimpressió: juliol de 2009

Disseny de la coberta: Ernest Castelltort

© els autors, 2006

© Edicions UPC, 2006
Edicions de la Universitat Politècnica de Catalunya, SL
Jordi Girona Salgado 1-3, 08034 Barcelona
Tel.: 934 137 540   Fax: 934 137 541
Edicions Virtuals: www.edicionsupc.es
E-mail: edicions-upc@upc.edu

Producció: LIGHTNING SOURCE

Dipòsit legal legal: B-46051-2007
ISBN: 978-84-8301-968-9

Continguts

Introducció

Els materials d'aquest llibre cobreixen les sessions de laboratori de l'assignatura de Fonaments d'Informàtica que s'imparteix en les titulacions de les enginyeries industrials[1].

Objectius. L'objectiu primordial a l'hora d'elaborar aquests materials ha sigut el d'obtenir en un sol llibre i de manera autocontinguda totes les sessions de laboratori a realitzar pels alumnes durant un quadrimestre.

Pensem que disposar d'aquest llibre facilita el procés d'aprenentatge de l'estudiant ja que l'estudiant podrà controlar i avaluar el seu progrés al llarg del curs així com saber quina matèria ha de treballar en les sessions de laboratori. Per altra banda, l'estudiant podrà completar la sessió del laboratori en cas de no poder assistir-hi. Així doncs, aquests materials seran de referència per al treball de laboratori que ha de fer l'estudiant. D'altra banda, aquests materials tenen per objectiu també facilitar la feina del professor. En disposar d'aquests materials, els professors podran evitar la improvisació durant les sessions de laboratori i podran estalviar el temps de dictar enunciats, fer explicacions prèvies o posar exemples de programes que impactarien molt en el temps previst per al desenvolupament de la sessió de laboratori. Així, el paper del professor serà essencialment el de guiar i supervisar el treball dels alumnes, resolent dubtes al llarg de la sessió. Amb tot, pensem que el rendiment en les sessions de laboratori es veurà incrementat.

Es persegueixen també altres objectius com ara la pràctica de la programació, evitar la frustració que sovint provoca la programació en els cursos bàsics de programació i proporcionar materials autocontinguts, ben delimitats pel que fa a la quantitat de treball que han de fer els estudiants.

Organització dels materials. Els continguts del llibre estan organitzats en *"fitxes"* de sessions de laboratori. Concretament, el material està organitzat en 6 sessions de laboratori quinzenals de 2h, corresponents a una assignatura quadrimestral. Aquesta organització que s'ha pres com a base que s'aplica actualment en molts centres de la UPC, es pot adaptar fàcilment per a sessions de laboratori setmanals, és a dir, per a un total de 14 setmanes.

En cada sessió de laboratori es cobreix una part del temari de l'assignatura que els alumnes han de practicar. S'ha procurat que els continguts serveixin de guia per a l'estudiant, en el sentit que l'estudiant pugui anar completant el treball pas a pas fins completar tota la sessió. Dit en altres paraules, els continguts segueixen una dificultat incremental: començant per programes fets i senzills que els estudiants han de provar directament fins arribar a programes més complexos. Així doncs, la *fitxa* de cada sessió està organitzada de la següent manera:

- *Objectius*: es presenten els objectius a cobrir amb les activitats de la sessió de laboratori.

- *Continguts*: es dóna un índex de les activitats a realitzar.

- *Temorització*: es dóna una taula de temporització estimada de les activitats.

---

[1]Els continguts del llibre són d'aplicació en altres titulacions en les quals s'imparteixen assignatures de programació bàsica de temari similar.

- *Explicacions prèvies*: es donen els coneixements previs (en forma d'un repàs) que cal tenir per realitzar les activitats proposades.

- *Guió de la sessió*:

  - *Primera part*: programes per provar. En aquesta part l'estudiant ha de compilar i executar programes donats en la fitxa de la sessió. Es demanarà als estudiants que observin la codificació dels programes així com els resultats d'execució.

  - *Segona part*: programes per completar. En aquesta part es proposen als estudiants enunciats de problemes la resolució dels quals requereix modificacions dels programes de la primera part de la fitxa.

  - *Tercera part*: programes per desenvolupar. En aquesta part, i usant els programes fets en les parts anteriors, han de desenvolupar programes per resoldre uns altres problemes.

- *Activitats opcionals*: activitats a completar fora de la sessió de laboratori. Partint de la base que en programació un concepte o tècnica s'assimila correctament si s'implementa i es fa pràctica de la programació, doncs, es proposen algunes activitats addicionals que els alumnes podran completar de manera voluntària fora de les sessions de laboratori. Fora bo, de cara a la utilització dels materials del llibre, que el professor faci la correcció d'aquestes activitats opcionals durant les hores de tutoria o a través d'un sistema de tutoria virtual per tal d'animar els estudiants a fer les activitats opcionals i donar-los *feedback* sobre les solucions lliurades.

Pel que fa els continguts pròpiament dits, aquests s'han desenvolupat en el llenguatge C++, força usat en les àrees de les enginyeries. En particular s'ha incidit en l'ús del tipus `string` de la llibreria estàndard STL per la seva facilitat en tractament de cadenes de caràcters. S'ha procurat que els programes/problemes proposats siguin de l'àrea de l'enginyeria per tal de motivar els estudiants.

Com que en les assignatures de programació una de les activitats importants és la realització d'un projecte final a fer en grup de dos/tres estudiants, en els continguts del llibre s'inclou un annex amb un exemple de projecte que explica de manera detallada el procés de la realització del projecte: des de la seva especificació fins a la documentació de la memòria del projecte.

Realització de les sessions de laboratori. Les sessions de laboratori estan pensades a realitzar en seqüència: per completar una sessió cal haver realitzat satisfactòriament les sessions anteriors. A més a més, s'ha mantingut com a fil conductor de totes les sessions un problema de certa envergadura, com és el de simular un sistema de sensors distribuïts en una ciutat per mesurar el nivell de soroll / la contaminació acústica. En cada sessió es proposen petits programes en el context d'aquest problema, el qual és resolt de manera completa en el projecte final.

Per últim, els continguts del llibre s'acompanyen del codi font dels programes usats al llarg dels materials del llibre per tal que els estudiants en puguin disposar per completar les sessions de laboratori i utilitzar-los lliurement per fer altres programes.

Els autors
Barcelona, Juny del 2008

Reconeixement. Aquest llibre ha estat subvencionat pel projecte d'Innovació Docent *"Pràctiques de Laboratori per a Fonaments d'Informàtica"* de la Convocatòria de Projectes d'Innovació Docent de la Universitat Politècnica de Catalunya del Juny del 2004.

Sessió 1
Introducció als sistemes operatius i l'entorn de programació

1.1 Objectius

En finalitzar aquesta sessió l'estudiant ha de ser capaç de:

- Utilitzar el sistema operatiu que es farà servir: Windows.

- Editar, compilar i executar un programa C++ amb l'entorn Eclipse.

- Implementar programes en C++ per resoldre problemes senzills amb els següents elements bàsics: variables, tipus, expressions, assignacions, lectura i escriptura.

1.2 Continguts

1. Temporització

2. Explicacions prèvies

   - Introducció als sistemes operatius
   - L'entorn de desenvolupament Eclipse
   - Algorísmica bàsica: Objectes i accions elementals
   - Estructura d'un programa en C++

3. Guió de la sessió

   - Primers passos amb Eclipse
   - Creació i execució d'un programa
   - Depuració

4. Activitats opcionals

   Bibliografia

1.3 Temporització

Activitat	Temps estimat	Temps realització
Explicacions prèvies	25 minuts	
Primers passos amb Eclipse	15 minuts	
Creació i execució d'un programa	10 minuts	
El depurador	15 minuts	
Programes d'exemple	15 minuts	
Programes per completar	15 minuts	
Programes per desenvolupar	15 minuts	
Activitats opcionals	40 minuts	

1.4 Explicacions prèvies

1.4.1 Introducció al sistema operatiu Windows

Sistemes operatius

Un *Sistema Operatiu* és un conjunt de programes i utilitats que controlen els recursos del computador (processadors, memòria, perifèrics) i proporcionen un entorn d'execució adient per a les aplicacions.

Tot sistema operatiu proporciona com a mínim aquests *serveis per als usuaris*:

- Accés al sistema d'arxius: creació, eliminació, còpia, moviment i modificació d'arxius

- Execució de programes

- Accés als dispositius perifèrics

Hi ha dos tipus de sistemes operatius segons sigui la seva interfície:

- **Sistemes operatius basats en comandes** (exemple: **MS-DOS**): l'accés als serveis del sistema operatiu es realitza teclejant la comanda corresponent (vegeu Figura 1.1).

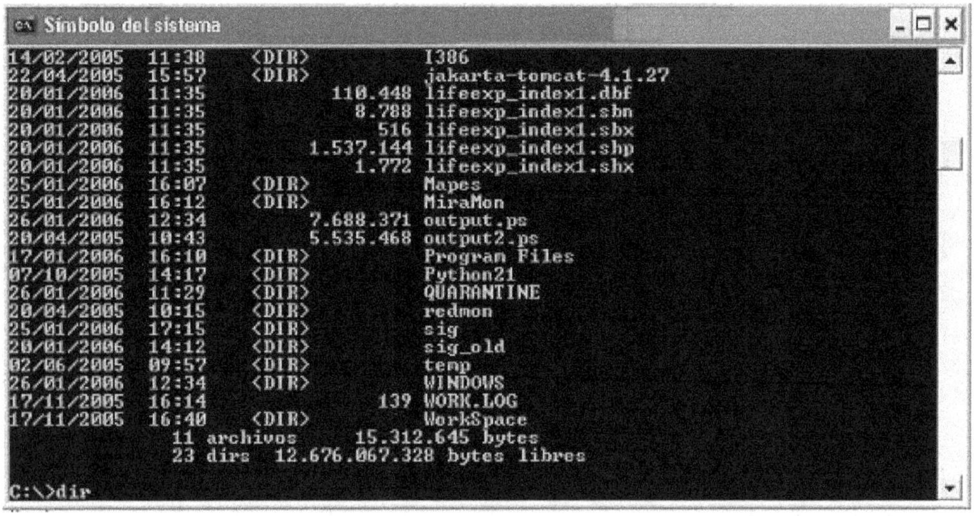

Figura 1.1: Aspecte de l'intèrpret de comandes de MS-DOS

- **Sistemes operatius gràfics** (exemple: **Windows**): l'accés als serveis del sistema operatiu es realitza mitjançant una interfície gràfica basada en finestres, menús, icones i altres elements (vegeu Figura 1.2).

Figura 1.2: Escriptori de Windows

El sistema d'arxius de Windows

En l'entorn Windows, una **unitat** és un dispositiu lògic (disquet, disc dur, unitat de xarxa...) que permet emmagatzemar informació. Cada unitat té una lletra associada: A, C, D... La informació dins de cada unitat s'organitza en carpetes:

Figura 1.3: Arbre de directoris vist en Windows

Una **carpeta** (=directori) és bàsicament una forma d'agrupar fitxers i altres carpetes de forma jeràrquica. La informació de cada carpeta s'organitza en fitxers (vegeu Figura 1.3).

Un **fitxer** (=arxiu) és un seqüència de dades emmagatzemada en un suport de dades (per exemple un disc). Un fitxer és l'equivalent informàtic d'un document. Tot fitxer té una sèrie d'atributs. Aquests són els més importants:

- **Nom i extensió**: P. ex. al fitxer "readme.txt" el nom és "readme" i l'extensió és "txt". El nom indica el contingut i l'extensió indica el tipus de fitxer: de text (txt), executable (exe, com)

- **Mida**, en bytes

- **Data** i **Hora** de la darrera modificació

Un fitxer es pot referenciar de dues formes diferents:

- **Camí absolut:** Proporciona la ubicació exacta del fitxer dins el sistema d'arxius, començant per la unitat i baixant per diferents carpetes fins arribar a l'arxiu:

    - Té el format **unitat:\carpeta\carpeta\...\arxiu**

    - Exemple: H:\sessio_1\prova.cpp

- **Camí relatiu:** Igual que l'anterior, però el punt de partida és la *carpeta actual*:

    - Té el format **carpeta\...\arxiu**

    - Exemple: prova.cpp

Ús del teclat

- Si no esteu habituats a fer servir un teclat, heu de conèixer l'ús d'algunes tecles especials: *Intro*, *Ctrl*, *Shift*, *Alt*, F1..F12, *Backspace*, tecles de moviment del cursor, tabulador, *Esc*.

- La tecla "Alt Gr" permet accedir als símbols especials (| , @, #) de la cantonada inferior esquerra d'algunes tecles.

- Per obtenir el caràcter "∼", hem d'introduir 126 al teclat numèric (a la dreta del teclat) mentre tenim polsada la tecla "Alt". Alguns teclats també permeten obtenir aquest caràcter amb la combinació <Alt-Gr>4 seguida d'un espai.

Resum del sistema operatiu MSDOS

MSDOS és un sistema operatiu basat en comandes. Actualment és bastant obsolet, però per raons de compatibilitat s'inclou en les versions de Windows sota els noms de *Intérprete de Comandos* o *Símbolo de Sistema*. Malgrat que la major part de les funcions MSDOS es poden realitzar utilitzant la interfície gràfica des de Windows, pot ser útil que conegueu les comandes bàsiques, que es descriuen més avall:

Referència de comandes MSDOS per a la gestió d'arxius

DIR	Mostra els noms dels fitxers que hi ha dins un directori. La sortida típica té aquest format:
	3-24-98 09:16 5876 PROVA.CPP
	7-02-99 03:01 2311 README.TXT
	Amb la data de la darrera modificació, mida en bytes, el nom i l'extensió.
	DIR veure els fitxers del directori on ens trobem.
	DIR A:*.cpp veure els fitxers amb extensió **cpp** de la unitat A:
TYPE *fitxer*	Llista per pantalla el contingut d'un fitxer de text
	TYPE text.txt veure el contingut d'un fitxer de text
	TYPE text.txt|MORE veure el contingut d'un fitxer amb pauses
COPY *fitxer1 fitxer2*	Crea una còpia de fitxer1 amb el nom fitxer2.
	COPY sessio.cpp copia.cpp
DEL *fitxer*	Esborra el fitxer especificat.
REN *fitxer1 fitxer2*	Canvia el nom del fitxer1 per fitxer2.
A:	Canvia a la unitat A:
H:	Canvia a la unitat H:
CD *nomdirectori*	Es fa servir per canviar el directori actual al directori especificat.
MD *nomdirectori*	Crea un directori nou al directori actual, amb el nom especificat.
RD *nomdirectori*	Esborra el directori especificat.

Editor de comandes del MSDOS

En tot moment el símbol de sistema (*prompt*) indica la unitat i el directori on us trobeu.

Mentre introduïu una comanda de MSDOS, podeu fer servir algunes funcions bàsiques d'edició:

↑ Recupera les darreres comandes entrades.

← i → Permet moure el cursor dins la línia.

[Insert] Permet inserir caràcters en una posició qualsevol

Execució de programes des de MSDOS

En MSDOS, tots els programes tenen extensió EXE, BAT ó COM.

Per executar un programa des de MSDOS, només cal introduir el seu nom (no cal posar l'extensió):

Exemple: C:\ > **edit**

Canals d'entrada i de sortida. Redirecció. Filtres. Pipes

[*Aquest apartat no cal treballar-lo en la primera sessió de laboratori. L'hem inclòs aquí com a material de referència per quan ho necessiteu*]

Les comandes que s'executen des del MSDOS sovint escriuen resultats a la pantalla o llegeixen dades del teclat. En realitat, les comandes no escriuen directament a la pantalla sinó que escriuen sobre una mena de conducte anomenat **canal**. En principi, el canal d'entrada estàndard està connectat al teclat, i el de sortida estàndard està connectat a la pantalla. D'aquesta manera quan un programa escriu al canal de sortida, el resultat apareix a la pantalla automàticament.

L'avantatge d'aquest mecanisme és que el canal es pot connectar a un altre dispositiu. Això s'anomena **redireccionar l'entrada o la sortida**:

DIR >d.txt   Estem redirigint la sortida de DIR a un fitxer que es dirà d.txt

Si el fitxer d.txt ja existia, la comanda anterior destrueix el seu contingut. Si el que volem és afegir la sortida a un fitxer existent sense esborrar-lo, farem:

DIR >>d.txt

En lloc d'executar la comanda de sistema *DIR*, es pot executar qualsevol programa que tingui sortida per pantalla i el resultat serà el mateix, és a dir, si cridem

NOMPROGRAMA >resul.txt

el resultat de l'execució de *NOMPROGRAMA* s'escriurà en el fitxer *resul.txt*.

Un **filtre** és un programa senzill que llegeix dades del canal d'entrada, les processa d'alguna forma i les escriu pel canal de sortida. Els més útils són:

- FIND "text" només escriu les línies que contenen el text especificat.

- MORE escriu tot el que llegeix però fent pauses cada N línies.

Els filtres es poden fer servir redirigint la seva entrada i/o sortida

- FIND "Hola" <dades.txt

- MORE readme.txt

o en connexió amb **pipes**: un mecanisme que connecta el canal de sortida d'una comanda amb el d'entrada del següent:

- DIR | MORE

- TYPE dades.txt | FIND "pepe"

- TYPE dades.txt | FIND "hola" >resultat.txt

1.4.2 Resum del sistema operatiu Windows

Actualment la difusió d'aquest sistema operatiu és tan gran que pràcticament tothom té una certa familiaritat amb aquest entorn. Per aquest motiu, no ens hi detindrem.

- **Gestió d'arxius amb Windows.** La gestió d'arxius amb Windows es pot fer de forma gràfica, utilitzant els menús i les icones de Windows que són prou auto-explicatives. Per a la gestió d'arxius es recomana fer servir l'Explorador de Windows (vegeu Figura 1.4).

- **Execució d'aplicacions amb Windows.** Per executar un programa amb Windows, la forma més fàcil és fer dobleclic sobre la seva icona. S'ha de tenir en compte que el doble clic no només arrenca programes executables, sinó que també es pot aplicar sobre altres tipus de fitxers que tenen associats una icona. Un exemple són els documents d'un editor com Word: en fer doble clic sobre el document, s'executarà l'aplicació (Word en aquest cas) i obrirà el document en qüestió.

1.4.3 Introducció a Eclipse

Eclipse és un entorn gràfic de desenvolupament per programar en C++. L'objectiu principal d'aquesta sessió és familiaritzar-se amb aquest entorn i crear els nostres primers programes en C++.

Eclipse és una eina que integra diferents components que permeten realitzar les tasques d'edició, compilació, execució i depuració de programes d'una forma senzilla i amigable. Aquests tipus d'aplicacions es coneixen amb el nom d'*Entorn Integrat de Desenvolupament* (en anglès, IDE - Integrated Development Environment). Encara que amb els *plug-ins* adequats suporta qualsevol tipus de desenvolupament de

Figura 1.4: Explorador de Windows

software, majoritàriament s'utilitza per desenvolupar aplicacions en Java, probablement perquè Eclipse inclou al programari de desenvolupament de Java (el *Java Development Toolkit* o JDK) un IDE per programar en Java. Altres aplicacions, no incloses a la distribució estàndard d'Eclipse, es poden afegir en forma de *plug-ins*, i són reconegudes automàticament per la plataforma.

Eclipse és una aplicació desenvolupada en Java i per tant per utilitzar-la hem de tenir instal·lada la versió 1.3 del JDK o posterior. Es recomana tenir instal·lada la versió 1.4.

Podeu trobar informació de l'eina a:

- http://www.eclipse.org/: creadors de l'eina.

- http://help.eclipse.org/help21/index.jsp: tutorials sobre els diferents mòduls de l'eina. Aquests tutorials estan inclosos al help d'Eclipse i es poden consultar seleccionant l'opció Help→Help Contents.

- http://eclipse-plugins.2y.net/eclipse/: *plug-ins* d'Eclipse.

1.4.4 Estructura general d'un programa en C++

L'estructura general d'un programa en C++ és la següent:

```
<Inclusió de llibreries>
<Definició de constants>
<Definició de tipus>

int main(void)
{
    <Declaració de variables>
    <instruccio1>
    <instruccio2>
      ...
    <instruccioN>

}
```

En el següent exemple podem veure un petit programa que llegeix un enter i un caràcter i després els escriu per pantalla:

```
// Inclusió de la biblioteca d'entrada sortida
#include <iostream>
// Directiva que indica que estem usant
// l'espai de noms de la biblioteca estàndard
using namespace std;

int main(void)
{
    int enter;
    char car;

    cout << "Entra un enter:  ";
    cin >> enter;
    cout << "Entra un caràcter:  ";
    cin >> car;

    cout << "L'enter que has entrat és:  "<< enter << endl;
    cout << "El caràcter que has entrat és:  "<< car << endl;

    return 0;
}
```

El següent programa demana el nom de l'usuari i després li diu "hola":

```
#include <iostream>
#include <string>
using namespace std;
int main(void)
{
    string nom;
    cout << "Com et dius?"<< endl;
```

```
        cin >> nom;
        cout << "Hola "<< nom << "!"<< endl;
        return 0;
}
```

1.5 GUIÓ DE LA SESSIÓ

1.5.1 Primers passos amb Eclipse

En aquesta secció us explicarem com posar en marxa l'entorn de desenvolupament Eclipse per al seu funcionament amb el llenguatge C++. Noteu que alguns dels passos que us explicarem només cal fer-los la primera vegada que arrenqueu el programa. Com veureu, un cop configurat Eclipse per al seu funcionament amb C++ no caldrà tornar-ho a fer.

En arrencar l'aplicació Eclipse[2] apareix la finestra mostrada a la Figura 1.5, que ens amenitza l'espera mentre es carrega l'entorn.

Figura 1.5: Pantalla Inicial

A continuació apareix un quadre de diàleg (vegeu Figura 1.6) que ens demana la carpeta on crear els nostres projectes (*workspace*). Seleccioneu la carpeta on voleu emmagatzemar els vostres projectes; si la carpeta no existeix es crearà automàticament.

Una vegada seleccionada la carpeta de treball apareix la pantalla de benvinguda mostrada a la Fig 1.7.

Cliqueu la icona *Go To the Workbench*, que és la fletxa situada a dalt a la dreta de la pantalla de benvinguda (vegeu Figura 1.7) per entrar a la finestra de treball, Figura 1.8. El *workbench* d'Eclipse ofereix diferents perspectives per realitzar diferents tasques, com poden ser escriure o depurar un programa en C++. La primera vegada que entrem a Eclipse aquest presenta la perspectiva de recursos (*Resource perspective* - vegeu Figura 1.8). Aquesta és una perspectiva de propòsit general per crear, veure i manipular tot tipus de recursos.

En el nostre cas treballarem amb una perspectiva específica de C++ (*C/C++*). Per canviar a aquesta perspectiva seleccioneu *Window→Open perspective→Other...*, com es mostra a la Figura 1.9. Un cop fet això se us obrirà un menú com el que apareix a la Figura 1.10. Seleccioneu l'opció C/C++ d'aquest menú. El resultat serà una finestra amb l'aspecte que apareix a la Figura 1.11.

---

[2]Tant les descripcions com les pantalles d'aquesta sessió es corresponen a la versió 3.1 d'Eclipse que s'executa a Windows XP.

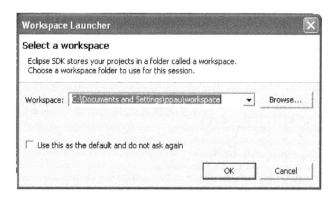

Figura 1.6: Quadre de diàleg per escollir el directori de treball

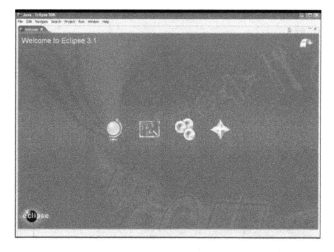

Figura 1.7: Pantalla de benvinguda

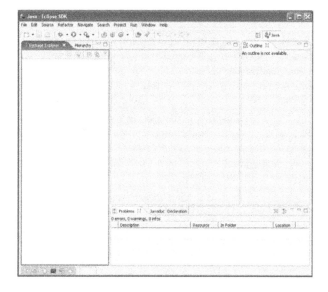

Figura 1.8: Perspectiva de recursos

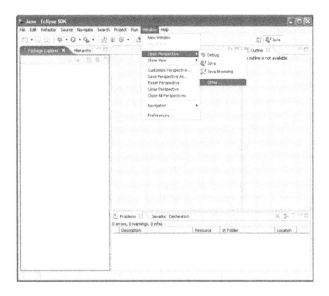

Figura 1.9: Obrint una nova perspectiva

Figura 1.10: Obrint una nova perspectiva de C++

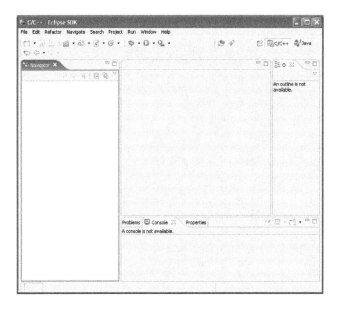

Figura 1.11: Perspectiva C++

1.5.2 Creació i execució d'un programa

Després d'aquesta petita introducció a Eclipse anem a veure com crear i executar un programa en C++ utilitzant el clàssic programa d'exemple "Hola, món". Abans de fer qualsevol altra cosa en Eclipse, tal com editar un programa en C++, necessitem crear un projecte. Per crear un projecte seguiu els següents passos:

1. Seleccioneu l'opció *File→New→Managed Make C++ Project*, tal com mostra la Figura 1.12.

Figura 1.12: Creant un nou projecte

2. A continuació apareix una pantalla de diàleg que demana el nom del projecte (vegeu Figura 1.13). En el nostre cas podem introduir com a nom del projecte "HolaMon".

Figura 1.13: Quadre de diàleg *Project Name*

3. Premeu el botó *Finish* i es crearà el projecte. La finestra *package explorer* de la pantalla principal mostrarà la carpeta del nou projecte tal com es pot veure a la Figura 1.14.

Figura 1.14: Pantalla principal després de crear el projecte

Una vegada creat el nou projecte podem editar el codi font corresponent al programa "Hola, món". Per fer-ho seguiu els següents passos:

1. Seleccioneu l'opció *File→New→Source File*, tal com mostra la Figura 1.15.

2. La pantalla de diàleg *New File Source*, mostrada a la Figura 1.16, us demanarà el nom del fitxer font. En el nostre cas podem introduir com a nom de fitxer "HolaMon.cpp".

3. Premeu el botó Finish i es crearà el fitxer. La pantalla principal mostrarà l'aspecte de la Figura 1.17, on a la finestra *package explorer* veureu que s'ha afegit el fitxer HolaMon.cpp al projecte i que la finestra d'edició mostra el contingut d'aquest fitxer que inicialment està buit.

Ara podem afegir el codi corresponent al programa "Hola, món", que es mostra a continuació:

```
#include <iostream>

using namespace std;
```

Figura 1.15: Creant un nou fitxer font

Figura 1.16: Quadre de diàleg *New Source File*

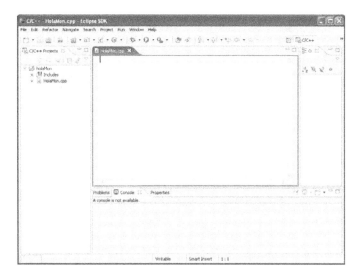

Figura 1.17: Pantalla principal després de crear el fitxer font

```
int main(void)
{
    cout << "Hola món!"<< endl;

    return 0;
}
```

Una vegada afegit el codi gravem el fitxer. El resultat hauria de ser molt similar al que apareix a la Figura 1.18.

En gravar el fitxer Eclipse compila automàticament el programa i avisa dels errors. Normalment és aconsellable desactivar l'opció de compilació automàtica (desactivant l'opció *Build automatically* del menú *Project*) i, en aquest cas, la compilació es fa mitjançant *Project→Build Project*, com es mostra a la Figura 1.19. El programa informa dels errors que s'hagin pogut detectar en la compilació del programa. En aquest cas no n'hi ha cap, tal i com es mostra a la Figura 1.20. Una vegada el programa compila sense errors, podem passar a executar-lo. Per fer-ho, seleccioneu l'opció *Run→Run As → Run Local C/C++ Application*, com es mostra a la Figura 1.21.

El resultat de l'execució es pot veure a la finestra consola de la pantalla principal, tal i com es mostra a la Figura 1.22.

1.5.3   El depurador

Depurar (en anglès *debug*) és el procés de detectar, aïllar i eliminar els errors (d'un programa) o les fallades (d'un sistema informàtic) de manera que el seu comportament sigui l'esperat. El depurador (en anglès *debugger*) és l'eina que permet fer el seguiment de l'execució d'un programa de forma que es puguin detectar i corregir els errors.

El depurador permet executar un programa línia a línia i la consulta interactiva dels valors de les variables de l'entorn. Permet a més fixar punts crítics on detenir l'execució del programa (*breakpoints*) i possibilita executar aquestes instàncies crítiques pas a pas.

Dintre de l'entorn de desenvolupament d'Eclipse es poden depurar programes desenvolupats en C++. Per fer-ho cal canviar a la perspectiva de depuració (*debug perspective*). Per canviar a aquesta perspectiva

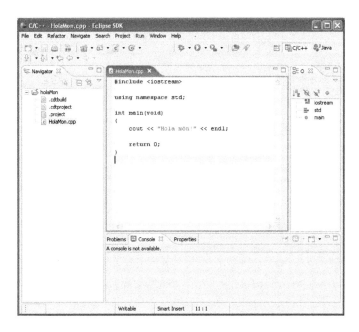

Figura 1.18: Executant el programa

Figura 1.19: Construïnt l'executable del programa

Figura 1.20: Resultat de la compilació i el muntatge

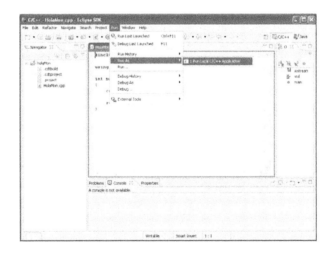

Figura 1.21: Executant el programa

Figura 1.22: Resultat de l'execució

seleccioneu *Window→Open perspective→Debug*, com es mostra a la Figura 1.23, amb la qual cosa la nostra finestra tindrà un aspecte similar al mostrat a la Figura 1.24.

Figura 1.23: Obrint la perspectiva *Debug*

Una vegada hem obert la perspectiva de depuració podem parar l'execució del programa en una determinada línia (posant un *breakpoint*) i inspeccionar les variables locals. Per posar un *breakpoint*, en la vista on es troba el codi font seleccionem la línia on volem que es detingui l'execució i seleccionem *Run→Toggle Line Breakpoint*, com es mostra a la Figura 1.25. Veiem que es mostra un punt blau en la part esquerra de la línia. Ara ja podem llançar el depurador. Seleccionem en el menú *Run→Debug As→C++ Application*, com es mostra a la Figura 1.26. L'execució del programa es deté al primer breakpoint. Una vegada el programa està detingut, en una de les vistes podem veure el valor de les variables o veure els breakpoints que hem definit. A la Figura 1.27 es mostra un programa detingut en una línia on a la finestra *Variables* es pot veure el contingut de les variables definides en aquest punt. Una vegada inspeccionat el codi on és el problema es pot optar per executar el programa fins que acabi (*Resume*), acabar el programa immediatament (*Terminate*), executar pas a pas el programa sense entrar al codi dels mètodes (*Step Over*) o executar pas a pas entrant en el codi dels mètodes (*Step Into*). Totes aquestes opcions es troben al menú *Run* (vegeu Figura 1.28).

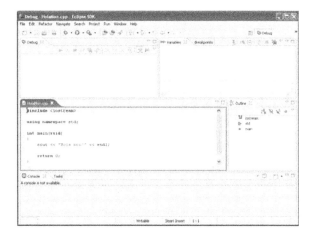

Figura 1.24: Perspectiva *Debug*

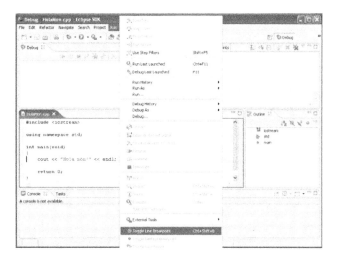

Figura 1.25: Afegint un *breakpoint*

Figura 1.26: Llançant el depurador

Figura 1.27: Depurant un programa

Figura 1.28: Opcions d'execució del depurador

Recordeu que, com en altres casos, Eclipse recorda la perspectiva en què estem per a la propera sessió; per aquesta raó, si no sortim d'aquesta perspectiva, serà la que ens trobarem la propera vegada que arrenquem Eclipse.

1.5.4 Programes d'exemple

Activitat 1. Editeu, compileu i proveu el següent programa que llegeix un enter i el multiplica per 2:

```cpp
#include <iostream>

using namespace std;

int main(void)
{
    int num;

    cout << "Entra un enter:  " << endl;
    cin >> num;
    cout << num << " * 2 = " << num*2 << endl;

    return 0;
}
```

Activitat 2. Editeu, compileu i proveu el següent programa que llegeix tres variables de tipus diferents i després les escriu:

```cpp
#include <iostream>
#include <string>

using namespace std;

int main(void)
{
    int num;
    char car;
    string cadena;

    cout << "Entra un enter:  " << endl;
    cin >> num;
    cout << "Entra un caràcter:  " << endl;
    cin >> car;
    cout << "Entra un nom (sense espais en blanc):  " << endl;
    cin >> cadena;
    cout << "Has entrat " << num << " " << car << " i ";
    cout << cadena << endl;
    return 0;
}
```

Activitat 3. Editeu, compileu i proveu el següent programa que calcula el perímetre de la circumferència de radi r llegit de teclat:

```cpp
#include <iostream>

using namespace std;

const float PI = 3.14159;
```

```
int main(void)
{
    float radi;

    cout << "Entra el radi:  ";
    cin >> radi;
    cout << " El perímetre és "<< 2.0 * PI * radi << endl;

    return 0;
}
```

1.5.5   Segona part: programes per completar

Activitat 1. Modifiqueu el programa "Hola, món" per tal que escrigui el missatge "Hola" i "adéu" en dues línies consecutives.

Activitat 2. Modifiqueu el programa de l'activitat 2 de forma que llegeixi i escrigui la informació relativa a una mesura realitzada per un sensor de soroll: la data (tres enters que indiquen dia, mes i any) i la mesura (un real que indica els decibels mesurats).

Activitat 3. Modifiqueu el programa del perímetre de la circumferència per tal que calculi l'àrea d'un cercle.

1.5.6   Tercera part: programes per desenvolupar

Activitat 1. Implementeu un programa que demani l'edat a l'usuari i a continuació mostri el següent missatge "Hola, tens X anys" (la X és l'edat de l'usuari).

Activitat 2. Implementeu un programa que calculi l'àrea i el perímetre d'un quadrat donat el seu costat.

Activitat 3. Implementeu un programa tal que donada una quantitat de segons, la transformi al seu equivalent en hores, minuts i segons.

1.6   Activitats opcionals

Activitat 1. Implementeu un programa tal que donada una quantitat en segons, la transformi a hores, minuts i segons.

Activitat 2. Implementeu un programa que permeti fer la conversió d'hores a minuts. L'usuari introduirà el nombre d'hores i es visualitzaran els minuts corresponents.

Activitat 3. Implementeu un programa que permeti fer la conversió de metres a quilòmetres. L'usuari introduirà el nombre de metres i es visualitzaran els quilòmetres corresponents.

Activitat 4. Implementeu un programa que permeti convertir una temperatura donada en graus Celsius a una temperatura en graus Fahrenheit: $F = 9/5(C + 32)$.

Bibliografia

1. David Gallardo, Ed Burnette, Robert McGovern, *Eclipse in Action*. Manning, 2003

2. Sherry Shavor, Jim D'Anjou, Scott Fairbrother, Dan Kehn, John Kellerman, Pat McCarthy. *The Java Developer's Guide to Eclipse*. Addisson-Wesley, 2003

3. Fatos Xhafa, Pere-Pau Vázquez, Jordi Marco, Xavier Molinero, Angela Martín. *Programación en C++ para Ingenieros*. Thomson-Paraninfo, 2006, Capítols 1 i 2

Sessió 2
Primers programes

2.1   Objectius

En acabar aquesta sessió l'estudiant ha de ser capaç de:

- Conèixer l'estructura general d'un programa en C++.

- Conèixer les biblioteques bàsiques de C++.

- Realitzar petits programes que resolen problemes senzills.

- Executar i provar programes.

2.2   Continguts

1. Temporització

2. Explicacions prèvies

   - Estructura general d'un programa en C++
   - Tipus de dades en C++
   - Resolució de problemes
   - L'estructura alternativa: *if, switch*
   - L'estructura iterativa: *while, for*

3. Guió de la sessió

   - Primera part: Programes per provar
   - Segona part: Programes per modificar
   - Tercera part: Programes per desenvolupar

4. Activitats opcionals

   Bibliografia

2.3   Temporització

Activitat	Temps estimat	Temps realització
Explicacions prèvies	20 minuts	
Primera part: Programes per provar	20 minuts	
Segona part: Programes per completar	30 minuts	
Tercera part: Programes per provar	40 minuts	
Activitats	45 minuts	

2.4   Explicacions prèvies

2.4.1   Estructura general d'un programa en C++

Recordem l'estructura general d'un programa en C++:

```
<Inclusió de llibreries>
<Definició de constants>
<Definició de tipus>

int main(void)
{
  <Declaració de variables>
  <instruccio1>
  <instruccio2>
  ...
  <instruccioN>

}
```

2.4.2   Tipus de dades en C++

Els tipus de dades més comuns en C++ són:

enter	int	Enter de 32 bits. Rang de valors -2.147.483.648 a 2.147.483.647
	long	Enter de 32 bits. Rang de valors -2.147.483.648 a 2.147.483.647
real	float	Real de 32 bits. Precisió fins a 8 decimals
	double	Enter de 32 bits. Precisió fins a 16 decimals
caràcter	char	Ocupa 8 bits i pot representar un caràcter en format ASCII.
booleà	bool	Guarda un valor booleà: *false* o *true*.

Per resoldre un problema en C++ seguim les següents etapes:

Etapa	Descripció	Resultat	Farem servir	Llenguatge del resultat
Formalització de l'enunciat	Especificar el problema a resoldre	Especificació	Llapis i paper	Llenguatge natural o formal
Disseny	Identificar l'esquema necessari i trobar un programa que resolgui el problema	Programa en C++	Llapis i paper	Llenguatge C++
Edició	Obtenir un fitxer font	Programa font en C++	Editor Eclipse	Llenguatge C++
Compilació	Obtenir un executable	Programa executable	Compilador Eclipse	Llenguatge màquina
Prova	Provar l'executable	Programa en execució	Depurador Eclipse	Llenguatge màquina

2.5 GUIÓ DE LA SESSIÓ

2.5.1 Introducció al llenguatge C++

Introducció al llenguatge

Orígens:

- El llenguatge C++ va ser creat l'any 1983 per Bjarne Stroustrup.

- Hi ha una bona part de C++ que està basada en un altre llenguatge: el C.

- La primera especificació (*The C++ Programming Language*) va aparèixer l'any 1985.

Característiques:

- Estàndard: ANSI/ISO C++ (1998)

- El llenguatge C++ proporciona mecanismes per als següents paradigmes de programació:

    - Abstracció de dades

    - Programació orientada a objectes

    - Programació genèrica

- El llenguatge C++ està basat en el concepte de classe, que no estudiarem en aquest curs.

- Les noves construccions de C++ que sí utilitzarem són:

    - Definicions de constants amb **const**

    - Entrada/sortida basada en **streams**

    - Pas de paràmetres basats en **referències**

    - La cadena de caràcters: *string* d'STL

2.5.2 Biblioteques en C++

El llenguatge C++, com la majoria de llenguatges de programació, proporciona un conjunt de funcions de biblioteca que faciliten operacions que es realitzen amb molta freqüència. Aquestes funcions no formen part del llenguatge, però estan presents a totes les implementacions adherides a l'estàndard. L'estàndard C++ (ISO/IEC 148823) defineix la biblioteca estàndard que ha d'acompanyar a cada implementació adherida a l'estàndard i determina: quin és, com s'anomena i com s'utilitza el conjunt de funcions mínim que ha de contenir. La biblioteca estàndard inclou, entre d'altres, pràcticament la totalitat de les funcions de la biblioteca estàndard de C (*stdio.h*). Aquesta biblioteca, que es manté per motius de compatibilitat, l'anomenem llibreria clàssica. Per fer servir qualsevol de les funcions de les biblioteques del llenguatge només cal incloure la capçalera de la biblioteca on es troben. El més recomanable és només fer servir les que es necessiten.

Alguns components de la biblioteca estàndard

iostream: A C++ les operacions d'entrada/sortida no estan contemplades com a tal en el llenguatge, s'han de fer mitjançant utilitats de biblioteca (C++ n'ofereix un bon grapat). Especialment important és *iostream*, que entre altres coses ens permet llegir des de fitxer i teclat i escriure a fitxer i pantalla.

cin	Permet llegir des de fitxer i teclat
cout	Permet escriure a fitxer i pantalla
endl	Introdueix un salt de línia

cstdlib: Destaquem dues funcions relacionades amb la generació de números aleatoris:

rand	Retorna un valor pseudo-aleatori entre 0 i $RAND\_MAX$
srand (x)	Fa servir l'argument com a llavor d'una nova seqüència de valors aleatoris retornats per rand

climits: Conté paràmetres d'entorn, informació sobre el rang dels diferents tipus enters. Aquests valors són dependents de la implementació. Vegem alguns exemples:

INT_MIN	Valor mínim del tipus int
INT_MAX	Valor màxim del tipus int
LONG_MIN	Valor mínim del tipus long
LONG_MAX	Valor màxim del tipus long
SHRT_MIN	Valor mínim del tipus short
SHRT_MAX	Valor màxim del tipus short

cmath: Conté funcions matemàtiques. Vegem-ne alguna:

- Trigonomètriques: *sin(x)*, *cos(x)*, *tan(x)*, *asin(x)*, *acos(x)*, *atan(x)*

- Logarítmiques, exponencials i potències: *log(x)*, *log10(x)*, *exp(x)*, *pow(x,y)*, *sqrt(x)*

sin(x)	Calcula el sinus de x (mesurat en radians).
cos(x)	Calcula el cosinus de x (mesurat en radians).
tan(x)	Calcula la tangent de x (mesurat en radians).
asin(x)	Calcula el valor principal de l'arc sinus de x. Pot produir-se un error de domini per als arguments que no estiguin a l'interval [-1, +1].
acos(x)	Calcula el valor principal de l'arc cosinus de x. Pot produir-se un error de domini per als arguments que no estiguin a l'interval [-1, +1].
atan(x)	Calcula el valor principal de l'arc tangent de x.
log(x)	Calcula el logaritme natural (o neperià). Pot produir-se un error de domini si l'argument és negatiu. Pot produir-se un error de continuïtat si l'argument és zero.
log10(x)	Calcula el logaritme en base 10 de x. Pot produir-se un error de domini si l'argument és negatiu. Pot produir-se un error de continuïtat si l'argument és zero.
exp(x)	Calcula la funció exponencial de x (e^x).
pow(x,y)	Calcula x elevat a la potencia y (x^y). Pot produir-se un error de domini si x és negatiu i y no és un valor enter. També es produeix un error de domini si el resultat no es pot representar quan x és zero i y és menor o igual que zero. Pot produir-se un error de continuïtat.
sqrt(x)	Calcula l'arrel quadrada del valor no negatiu x. Pot produir-se un error de domini si l'argument és negatiu.

cctype: Conté funcions per tractar caràcters. Vegem alguns exemples:

tolower(x)	Converteix un caràcter a minúscula. Si no és un valor entre l'A i la Z no el modifica. Els caràcters accentuats o amb dièresi i la $\tilde{N}$ no es modifiquen.
touper(x)	Converteix un caràcter a majúscula. Si no és un valor entre l'a i la z no el modifica. Els caràcters accentuats o amb dièresi i la $\tilde{n}$ no es modifiquen.

2.5.3 L'estructura alternativa: *if, switch*

C++ té dos tipus d'estructures de control, l'alternativa i la iterativa. La primera permet que un programa pugui prendre una decisió en funció de l'estat en què es trobi, la segona permet que el programa realitzi una tasca repetitiva un cert nombre de vegades (o fins que passi quelcom).

Hi ha dues estructures alternatives, l'estructura *if* i l'estructura *switch*. La primera és adequada quan hem de decidir entre poques opcions i la segona quan hem de decidir entre moltes, encara que, com veurem, no són estrictament equivalents i de vegades només podem fer servir la primera encara que tinguem moltes condicions a avaluar.

L'estructura *if*

La composició alternativa *if* té la següent sintaxi:

```
if (<condicio>)
    <sentencia1>
else
    <sentencia2>
```

El significat en el control de flux del programa és el següent:

Quan s'arriba a la condició *if*, s'avalua la condició, que és una expressió booleana, i si aquesta és certa, s'executa l'instrucció *sentencia1*; en cas contrari, s'executa *sentencia2*. En ambdós casos, després d'executar la sentència corresponent, el flux de programa passa a la línia de codi immediatament posterior a la línia que conté *sentencia2*, que és la següent a la composició alternativa.

El següent tros de codi determina si un nombre és parell o senar:

```
if (n % 2 == 0)
    cout << n << "és parell"<< endl;
else
    cout << n << "és senar"<< endl;
```

En general, *sentencia1* i *sentencia2* poden estar composades per més d'una instrucció; per aquesta raó, si volem que s'executi més d'una línia de codi, haurem d'agrupar les instruccions entre claus:

```
if (<condicio>)
{
    <sentencies1>
}
else
{
    <sentencies2>
}
```

El següent tros de codi executa més d'una instrucció en cada branca alternativa:

```
if (a > b)
{
    cout << "el nombre " << a;
    cout << " és més gran que " << b;
    cout << endl;
}
else
{
    cout << "el nombre " << a;
    cout << " és més petit o igual que " << b;
    cout << endl;
}
```

En qualsevol cas, per facilitar la lectura i reduir errors, s'aconsella que sempre es posi entre claus el conjunt d'instruccions a executar, fins i tot si només està format per una sola.

Per altra banda, la construcció alternativa no requereix que la branca de l'*else* estigui present. Si només volem avaluar una condició i realitzar una tasca en cas que sigui certa però no volem fer res especial si la condició no ho és, podem utilitzar el següent esquema:

```
if (<condicio>)
{
    <sentencies1>
}
```

A més, el conjunt d'instruccions a executar pot contenir a la vegada altres condicions a dins. Per aquesta raó, diem que l'estructura alternativa es pot aniuar i podem tenir esquemes com el següent:

```
if (<condicio1>)
{
    if (<condicio2>)
    {
        <sentencies1>
    }
    else
    {
        <sentencies2>
    }
}
else
{
    <sentencies3>
}
```

El nivell màxim d'aniuament d'estructures alternatives, en principi, només està limitat pel compilador. La composició alternativa *switch* té la següent sintaxi:

```
switch (<expr>)
{
    case <valor1>: <sentencia1>
        break;
    case <valor2>: <sentencia2>
        break;
    ...
    case <valorN>: <sentenciaN>
        break;
}
```

El seu significat és el següent: un cop s'arriba a la condició *switch*, s'avalua l'expressió *expr*, i després es passa a comparar el seu valor amb els valors que apareixen a les instruccions *case*; si el seu valor es correspon amb un d'ells, s'executen les instruccions que l'acompanyen. La instrucció *break* fa que es trenqui el flux; si no es posés, s'executarien les instruccions següents en el codi, encara que la comparació no es correspongués amb els següents valors. Un cop executada la branca en qüestió, el flux del programa passa al final del *switch*. Per evitar errors de programació, els valors que apareixen en les diferents branques han de ser diferents.

El següent exemple diu el significat d'una qualificació:

```
#include <iostream>

using namespace std;

int main(void)
{
    char nota;

    cin >> nota;
```

```
    switch (nota)
    {
        case 'S': cout << "Suspès"<< endl;
            break;
        case 'A': cout << "Aprovat"<< endl;
            break;
        case 'N': cout << "Notable"<< endl;
            break;
        case 'E': cout << "Excel·lent"<< endl;
            break;
    }

    return 0;
}
```

Noteu que en aquest cas la nota s'ha d'entrar en majúscules. Si volguéssim fer-ho també en minúscules, podríem aprofitar el comportament del *switch* per fer el següent:

```
#include <iostream>

using namespace std;

int main(void)
{
    char nota;
    cin >> nota;
    switch (nota)
    {
        case 's':
        case 'S': cout << "Suspès"<< endl;
            break;
        case 'a':
        case 'A': cout << "Aprovat"<< endl;
            break;
        case 'n':
        case 'N': cout << "Notable"<< endl;
            break;
        case 'e':
        case 'E': cout << "Excel·lent"<< endl;
            break;
    }
    return 0;
}
```

En aquest cas, només escrivim una sola vegada les instruccions que tracten el cas majúscula i minúscula ja que són el mateix, i funcionarà perfectament per a tots dos casos.

A l'igual que en el cas anterior, és aconsellable posar claus per agrupar conjunts d'instruccions, de la següent forma:

```
switch (<expr>)
{
```

```
        case <val1>:
        {
            <sent1>
            break;
        }
        case <val2>:
        {
            <sent2>
            break;
        }
        ...
        case <valN>:
        {
            <sentN>
            break;
        }
}
```

L'estructura alternativa *switch* permet posar una branca per ser efectuada per defecte. En el cas en què cap altra de les condicions sigui certa, la branca ha d'anar precedida per la paraula reservada *default*, de la següent forma:

```
switch (<expr>)
{
        case <val1>:
        {
            <sent1>
            break;
        }
        case <val2>:
        {
            <sent2>
            break;
        }
        ...
        default:
        {
            <sentDef>
            break;
        }
}
```

No és necessari que la instrucció que s'executa per defecte vagi en darrer lloc, però normalment s'hi posa perquè facilita la llegibilitat. De la mateixa forma, no és necessari posar el darrer *break*, però s'hi sol posar per simetria. En l'exemple següent veiem la utilització del cas per defecte:

```
#include <iostream>
using namespace std;

int main(void)
{
```

```
int valor;
cin >> valor;
switch (valor % 2)
{
    case 0:  cout << valor << " és múltiple de 2"<< endl;
        break;
    default:  cout << valor << " NO és múltiple de 2"<< endl;
        break;
}
return 0;
}
```

2.5.4   L'estructura iterativa: *while, for*

La composició iterativa serveix per repetir un conjunt d'instruccions un cert nombre de vegades. Existeixen dues implementacions principals: el bucle *while* i el bucle *for*. Les dues composicions tenen funcionaments molt similars i el que varia principalment és la sintaxi. En particular, tota composició *for* es pot posar com una composició *while* de forma molt senzilla, però el canvi a l'inrevés pot resultar en un codi una mica artificiós. En general, farem servir *for* per composicions d'instruccions que s'han d'executar un nombre conegut de vegades, per exemple en el tractament de taules, i el bucle *while* en la resta de casos.

La composició *while*

La sintaxi de la composició *while* és la següent:

```
while (<expr>)
    <sent1>
```

El seu significat és: en el moment en què el flux de programa arriba al *while*, s'avalua la condició; si aquesta és certa, s'executa la instrucció *sent1* i seguidament es torna a avaluar la condició. Mentre la condició es mantingui certa en el moment d'avaluar-la, s'anirà repetint l'execució de la instrucció. El codi ha de garantir que en algun moment la condició és falsa. En el moment en què ho sigui, el flux passa a la sentència immediatament posterior al bucle.

Si necessitem executar més d'una instrucció, cal que el conjunt d'instruccions es posi entre claus:

```
while (<expr>)
{
    <sent1>
}
```

El següent exemple mostra la taula de multiplicar del 3.

```
#include <iostream>
using namespace std;
int main(void)
{
    int num = 1;

    while (num <= 10)
    {
```

```
        cout << " 3 * "<< num << " = "<< 3*num <<endl;
        num++;
    }
    return 0;
}
```

S'ha d'anar en compte amb el símbol ';'. A l'igual que la composició *if*, la composició *while* no és una sentència, per aquesta raó, no ha de portar el ';' al final; perquè, si ho fem, causarem un bucle infinit, com és en el cas següent:

```
while (<expr>);
{
    <sent1>
}
```

En aquest cas, si la condició es compleix la primera vegada, s'executarà la instrucció buida (;) de forma infinita.

A l'igual que passa amb la composició *if*, es pot aniuar més d'un bucle *while*. El següent exemple veiem les taules de multiplicar de l'1 al 10:

```
#include <iostream>

using namespace std;

int main(void)
{
    int num1 = 1;

    while (num1 <= 10)
    {
        int num2 = 1;
        while (num2 <= 10)
        {
            cout << num1 << " * "<< num2 << " = "<< num1 * num2 <<endl;
            num2++;
        }
        num1++;
    }

    return 0;
}
```

La composició *for*

La composició *for* també serveix per fer iteracions, tot i que té una sintaxi bastant diferent a la del *while*:

```
for (<sentIni>; <expr>; <sentFin>)
    <sentencia1>
```

El significat de la composició és el següent:

En arribar el flux del programa al *for*, s'executa la sentència inicial (*sentIni*); després s'avalua la condició (*expr*) i, si és certa, es passen a executar les instruccions de *sent1*. Un cop acabada l'execució de les instruccions, s'executa la sentència final *sentFin* i es torna a avaluar la condició; si és certa, es torna a executar el cos del bucle i la sentència final, i així successivament.

Com en els casos anteriors, podem tenir més d'una instrucció, així serà convenient posar-les entre claus.

```
for (<sentIni>; <expr>; <sentFin>)
{
    <sentencies1>
}
```

El següent exemple implementa la taula de multiplicar del 3 amb un bucle *for*. Noteu que queda més compacte que en el cas d'abans:

```
#include <iostream>

using namespace std;

int main(void)
{

    for (int num = 1; num <= 10; num++)
    {
        cout << " 3 * "<< num << " = "<< 3 * num <<endl;
    }
    cin >> num;
    return 0;
}
```

El bucle *for* també es pot aniuar. Veiem l'exemple de les taules de multiplicar amb el bucle *for*:

```
#include <iostream>

using namespace std;

int main(void)
{
    for (int num1 = 1; num1 <= 10; num1++)
    {
        for (int num2 = 1; num2 <= 10; num2++)
        {
            cout << num1 << " * "<< num2 << " = "<< num1 * num2 <<endl;
        }
    }
    return 0;
}
```

En alguns casos, alguna de les sentències del bucle *for* es poden obviar. Per exemple, si ja tenim la sentència inicial executada, podem tenir el següent bucle:

```
for (; <expr>; <sentFin>)
{
    <sentencies1>
}
```

El mateix passa amb les altres parts (si s'esborrés la condició caldria trencar el bucle amb un *break*, que no és aconsellable perquè dificulta la lectura del codi), tot i que en casos que hi hagi pocs paràmetres del bucle és millor utilitzar un *while*.

2.6 GUIÓ DE LA SESSIÓ

2.6.1 Primera part: programes per provar

Activitat 1. Editeu, compileu i proveu el següent programa que llegeix dos nombres reals i fa la divisió:

```
#include <iostream>

using namespace std;

int main(void)
{
    double num1, num2;

    cout << "Entra dos nombres reals:  ";
    cin >> num1 >> num2;

    cout << num1 << " dividit per "<< num2 << " dóna "<< num1/num2 << endl;

    return 0;
}
```

Activitat 2. Editeu, compileu i proveu el següent programa que calcula el màxim de dos reals:

```
#include <iostream>

using namespace std;

int main(void)
{
    float num1, num2;

    cout << "Entra dos nombres reals:  ";
    cin >> num1 >> num2;

    cout << "El màxim de "<< num1 << " i "<< num2 << " és ";
```

```cpp
    if (num1 >= num2)
        cout << num1 << endl;
    else
        cout << num2 << endl;

    return 0;
}
```

Activitat 3. Editeu, compileu i proveu el següent programa que escriu deu vegades el missatge "Hola món":

```cpp
#include <iostream>

using namespace std;

int main(void)
{
    int num;

    num = 1;
    while (num <= 10)
    {
        cout << num << " Hola món!"<<endl;
        num++;
    }

    return 0;
}
```

Activitat 4. Editeu, compileu i proveu el següent programa que demana una opció de menú i determina quina s'ha escollit:

```cpp
#include <iostream>
#include <string>

using namespace std;

int main(void)
{
    string opcio;

    cout << "ajuda:  mostra aquest menú"<< endl;
    cout << "ciutat:  mostra la mitjana de contaminació a la ciutat" << endl;
    cout << "zona:   mostra la mitjana de contaminació d'una zona" << endl;
    cout << "sensor:  mostra la mitjana de contaminació d'un sensor" << endl;
    cout << "maxima:  mostra quan i on s'ha detectat el valor màxim"<< endl;
    cout << "minima:  mostra quan i on s'ha detectat el valor mínim"<< endl;
```

```
    cout << "sortir:  surt del programa"<< endl;
    cout << "Escull una opció:  ";
    cin >> opcio;

    if (opcio == "ciutat") {
        cout << "Has triat l'opció ciutat"<< endl;
    }
    else if (opcio == "zona") {
        cout << "Has triat l'opció zona"<< endl;
    }
    else if (opcio == "sensor") {
        cout << "Has triat l'opció sensor"<< endl;
    }
    else if (opcio == "maxima") {
        cout << "Has triat l'opció màxima"<< endl;
    }
    else if (opcio == "minima") {
        cout << "Has triat l'opció mínima"<< endl;
    }
    else if (opcio == "ajuda") {
        cout << "Has triat l'opció ajuda"<< endl;
    }
    else if (opcio == "sortir") {
        cout << "Has triat l'opció sortir"<< endl;
    }

    return 0;
}
```

Activitat 5. Editeu, compileu i proveu el següent programa que va demanant opcions de menú i determina quina s'ha escollit fins que s'escull l'opció de sortir, moment en el qual acaba el programa.

```
#include <iostream>
#include <string>

using namespace std;


int main(void)
{
    string opcio = "";

    while (opcio != "sortir")
    {
        cout << "ajuda:       mostra aquest menú"<< endl
        << "ciutat:      mostra la mitjana de contaminació a la ciutat"
        << endl
        << "zona z:      mostra la mitjana de contaminació a la zona z"
        << endl
```

```
            << "sensor s:    mostra la mitjana de contaminació al sensor s"
            << endl
            << "maxima:      mostra quan i on s'ha detectat el valor màxim"
            << endl
            << "minima:      mostra quan i on s'ha detectat el valor mínim"
            << endl
            << "sortir:      surt del programa"<< endl;
        cout << "Escull una opció: ";
        cin >> opcio;

        if (opcio == "ciutat") {
            cout << "Has triat l'opció ciutat"<< endl;
        }
        else if (opcio == "zona") {
            cout << "Has triat l'opció zona"<< endl;
        }
        else if (opcio == "sensor") {
            cout << "Has triat l'opció sensor"<< endl;
        }
        else if (opcio == "maxima") {
            cout << "Has triat l'opció màxima"<< endl;
        }
        else if (opcio == "minima") {
            cout << "Has triat l'opció mínima"<< endl;
        }
        else if (opcio == "ajuda") {
            cout << "Has triat l'opció ajuda"<< endl;
        }
    }

    return 0;
}
```

2.6.2   Segona part: programes per completar

Activitat 1. Modifiqueu el primer programa de l'apartat anterior de forma que es controli la divisió per zero.

Activitat 2. Modifiqueu el segon programa de l'apartat anterior de forma que es calculi el màxim de 3 enters.

Activitat 3. Modifiqueu el tercer programa de l'apartat anterior de forma que es demani deu vegades el nom de diferents persones i escrigui cada vegada "Hola sóc J", on J serà cada vegada el nom entrat.

Activitat 4. Modifiqueu el cinquè programa de l'apartat anterior de forma que compti les vegades que s'ha escollit cada opció.

2.6.3 Tercera part: programes per desenvolupar

Activitat 1. Dissenyeu un programa que llegeixi una seqüència de 20 mesures (formades per dia i hora i mesura) i que escrigui el que va llegint.

Activitat 2. Dissenyeu un programa que llegeixi una seqüència de 15 valors i calculi el màxim, el mínim, i la mitjana.

Activitat 3. Dissenyeu un programa que implementi una petita calculadora que sumi, resti, multipliqui i divideixi. Per fer-ho, cal que feu un menú que llegeixi una opció ('+', '-', '*', '/' o 's') i en els primers casos llegeixi dos nombres i operi, i en el darrer acabi el programa.

2.6.4 Activitats opcionals

Activitat 1. Dissenyeu un programa que permeti calcular les arrels d'una equació de segon grau de la forma $ax^2 + bx + c = 0$, on els valors d'a, b i c seran llegits de teclat. Si l'equació no té solució s'ha de dir.

Activitat 2. Dissenyeu un programa que calculi les N primeres potències de 2. Experimenteu amb els diferents tipus d'enters per determinar els valors assolibles.

Activitat 3. Dissenyeu un programa que determini tots els divisors d'un enter.

Activitat 4. Dissenyeu un programa que escrigui tots els dígits d'un nombre enter.

Bibliografia

1. Brian W. Kernighan, Dennis M. Ritchie. *El Lenguaje de Programación C*. Prentice Hall, 1991, Capítols 4 i 5

2. Fatos Xhafa, Pere-Pau Vázquez, Jordi Marco, Xavier Molinero, Angela Martín. *Programación en C++ para Ingenieros*. Thomson-Paraninfo, 2006, Capítols 2 i 3

Sessió 3
Aplicació d'esquemes

3.1 Objectius

Al finalitzar aquesta sessió l'estudiant ha de ser capaç de:

- Implementar programes amb estructures iteratives i alternatives.

- Implementar programes en C++ per resoldre problemes senzills d'aplicació d'esquemes de recorregut i de cerca.

3.2 Continguts

1. Temporització

2. Explicacions prèvies

3. Guió de la sessió

   - Primera part: Programes per provar

   - Segona part: Programes per modificar

   - Tercera part: Programes per desenvolupar

4. Activitats opcionals

   Bibliografia

3.3 Temporització

Activitat	Temps estimat	Temps realització
Explicacions prèvies	20	
Primera part: Programes per provar	20 minuts	
Segona part: Programes per completar	30 minuts	
Tercera part: Programes per desenvolupar	40 minuts	
Activitats opcionals	45 minuts	

3.4 Explicacions prèvies

3.4.1 Seqüències

Una seqüència és una successió d'elements del mateix tipus dels quals podem determinar:

- Obtenir el primer element

- Obtenir l'element següent a partir dels anteriors

- Determinar quin és el darrer element

Les característiques de les seqüències són:

- L'accés és seqüencial

- Els elements s'obtenen un darrera l'altre i es tracten de la mateixa forma

- Una vegada obtingut un element, no es pot tornar a obtenir

- El nombre d'elements pot ser indeterminat però és finit

3.4.2 Tractament de seqüències

El tractament de seqüències es realitza mitjançant l'ús d'esquemes algorítmics. Un esquema algorítmic és un seguit d'instruccions que serveixen per solucionar un problema d'una tipologia concreta. És una guia que ajuda al disseny del programa que soluciona el problema concret.

Per tal de poder aplicar esquemes algorítmics a un problema determinat, és precís que siguem capaços d'identificar la tipologia de problema a resoldre i aleshores aplicar l'esquema que correspongui.

Per al tractament de seqüències tenim dos esquemes:

- Esquema de recorregut

- Esquema de cerca

L'**esquema de recorregut** s'aplica en els problemes en els quals *cal examinar tots els elements de la seqüència.*

L'**esquema de cerca** s'aplica en els problemes que es poden resoldre *sense haver d'examinar tots els elements de la seqüència.*

Seguidament veurem els esquemes algorítmics que permeten resoldre problemes de recorregut i de cerca.

3.4.3 Esquema de recorregut

L'esquema de recorregut és el següent:

```
//Esquema de RECORREGUT
//IniciTractament
//ObtenirPrimerElement
while ( !DarrerElement )
{
    //TractarElement
    //ObtenirSeguentElement
}
//TractamentFinal
```

En cada cas, el que s'ha de fer per aplicar un esquema és intentar substituir els passos de l'esquema per les instruccions C++ que els implementen.

El següent programa resol el problema de comptar les vegades que apareix la lletra 'a' en una seqüència de caràcters acabada en '.':

```cpp
#include <iostream>

using namespace std;


int main()
{
    char cAct;
    int as = 0;
    cin >> cAct;
    while (cAct != '.')
    {
        if (cAct == 'a')
        {
            as++;
        }
        cin >> cAct;
    }
    cout << "Hi ha "<< as << " as "<< endl;

    return 0;
}
```

Fixeu-vos que la inicialització de les variables es fa en la línia:

```cpp
int as = 0;
```

L'accés al primer element:

```cpp
cin >> cAct;
```

La condició de finalització que s'examina en el bucle apareix a:

```cpp
while (cAct != '.')
```

I el tractament realitzat a cada element és:

```cpp
if (cAct == 'a')
{
    as++;
}
```

Un cop tractat l'element, s'accedeix al següent amb:

```cpp
cin >> cAct;
```

I el tractament final és:

```
cout << "Hi ha " << as << " a's " << endl;
```

3.4.4 Esquema de cerca

L'esquema de cerca és el següent:

```
//Esquema de CERCA
//IniciTractament
//ObtenirPrimerElement
bool trobat = false;
while ( !DarrerElement && !trobat )
{
   if( PropietatElement )
    {
        trobat = true;
    }
    else
    {
        //TractarElement
        //ObtenirSeguentElement
    }
}
if(trobat)
{
    //TractarTrobat
}
else
{
    //TractarNoTrobat
}
```

A l'igual que en el cas anterior, apliquem l'esquema per resoldre un problema concret. En aquest programa busquem si una seqüència de caràcters acabada en '.' conté una 'a':

```
#include <iostream>

using namespace std;

int main()
{
  bool hihaA = false;
  char cAct;
  cin.get(cAct);

  while (cAct != '.' && !hihaA)
  {
    if (cAct == 'a')
```

```
            hihaA = true;
        else
            cin.get(cAct);
    }

    if (hihaA)
        cout << "Hi ha A"<< endl;
    else
        cout << "No hi ha A"<< endl;

    return 0;
}
```

Mirem on s'han aplicat els diferents passos de l'esquema.

La inicialització apareix aquí:

```
bool hihaA = false;
```

L'accés al primer element:

```
cin.get(cAct);
```

Noteu que utilitzem *cin.get* perquè no ens volem saltar els espais en blanc; si ho volguéssim fer, podríem utilitzar l'operador d'entrada.

La condició de finalització i de trobada de l'element que s'examina en el bucle apareix a:

```
while (cAct != '.' && !hihaA)
```

Per determinar si hem acabat realitzem la següent comparació:

```
if (cAct == 'a')
    hihaA = true;
else
    cin.get(cAct);
```

Noteu que si no hem trobat l'element hem accedit al següent amb:

```
cin.get(cAct);
```

Al final realitzem el tractament que acaba el programa:

```
if (hihaA)
    cout << "Hi ha A" << endl;
else
    cout << "No hi ha A" << endl;
```

3.5   GUIÓ DE LA SESSIÓ

3.5.1   Primera part: programes per provar

Activitat 1. Editeu, compileu i proveu el següent programa que calcula la mitjana d'una seqüència d'enters.

```
#include <iostream>

using namespace std;

int main(void)
{
    int termes = 0, suma = 0, num;
    double mitjana = 0.0;

    cout << "Entra una seqüència d'enters acabada en 0";
    cout << endl;
    cin >> num;
    while (num != 0)
    {
        suma += num;
        termes++;
        cin >> num;
    }

    if (termes >0)
    {
        mitjana = double(suma)/double(termes);
        cout << "La mitjana és:  "<< mitjana << endl;
    }
    else
    {
        cout << "La seqüència és buida!"<< endl;
    }

    return 0;
}
```

Activitat 2. Editeu, compileu i proveu el següent programa que calcula la mínima de les entrades de tres sensors de soroll. Per cada sensor llegim hora i data (dia, mes i any) i els decibels (real):

```
#include <iostream>

using namespace std;

int main(void)
{
    int hhMin, mmMin, diaMin, mesMin, anyMin, hh, mm, dia, mes, any;
    float decibelsMin, decibels;

    cout << "Entra les dades d'un sensor (hora, data i dB): ";
    cin >> hhMin >> mmMin >> diaMin >> mesMin >> anyMin >> decibelsMin;

    cout << "Entra les dades d'un altre sensor (hora, data i dB): ";
```

```
        cin >> hh >> mm >> dia >> mes >> any >> decibels;

        if (decibelsMin > decibels)
        {
            hhMin = hh; mmMin = mm;
            diaMin = dia; mesMin = mes; anyMin = any;
            decibelsMin = decibels;
        }

        cout << "Entra les dades del darrer altre sensor (hora, data i dB): ";
        cin >> hh >> mm >> dia >> mes >> any >> decibels;

        if (decibelsMin > decibels)
        {
            hhMin = hh; mmMin = mm;
            diaMin = dia; mesMin = mes; anyMin = any;
            decibelsMin = decibels;
        }

        cout << "La mesura més baixa ha estat de ";
        cout << decibelsMin << endl;
        cout << " el dia ";
        cout << diaMin << "/"<< mesMin << "/"<< anyMin << endl;
        cout << "a les ";
        cout << hhMin << ":"<< mmMin << endl;

        return 0;
}
```

Activitat 3. Editeu, compileu i proveu el següent programa que llegeix les dades d'una seqüència de zones de la ciutat (identificador de la zona, nom i descripció). La seqüència acaba quan trobem l'identificador 0 de zona:

```
#include <iostream>
#include <string>

using namespace std;

int main(void)
{
    int idZona;
    string nomZona, descripcioZona;

    cout << "Introdueix la seqüència de zones" << endl;
    cout << "Identificador: ";
    cin >> idZona;

    while (idZona != 0)
    {
```

```
        cout << "Nom:  ";
        cin >> nomZona;
        cout << "Descripció (sense espais):  ";
        cin >> descripcioZona;
        cout << idZona << " " << nomZona << " " << descripcioZona << endl;

        cout << "Identificador :";
        cin >> idZona;
    }

    return 0;
}
```

Activitat 4. Editeu, compileu i proveu el següent programa que determina quina és (i en quina posició està) la primera dada que apareix d'un sensor donat (per un identificador) en una seqüència de 10 dades de sensors de soroll:

```
#include <iostream>

using namespace std;

int main(void)
{
    int idSensor, idSensorBuscat, hh, mm, dia, mes, any, numSensors;
    float decibels;
    bool trobat = false;

    cout << "Entra l'identificador del sensor a buscar:  ";
    cin >> idSensorBuscat;
    numSensors = 0;
    cin >> idSensor
    cin >> hh >> mm >> dia >> mes >> any >> decibels;
    while (!trobat && numSensors < 10)
    {

        if (idSensor == idSensorBuscat)
            trobat = true;
        else
        {
            cout << "Entra les dades d'un altre sensor (id, hora, data i dB): ";
            cin >> idSensor >> hh >> mm;
            cin >> dia >> mes >> any >> decibels;
            numSensors++;
        }
    }

    if (trobat)
    {
        cout << "La primera dada és de ";
```

```
        cout << decibels << " decibels " << endl;
        cout << " el dia ";
        cout << dia << "/" << mes << "/" << any << endl;
        cout << "a les ";
        cout << hh << ":" << mm << endl;
    }
    else
    {
        cout << "No hi ha dades del sensor buscat"<< endl;
    }

    return 0;
}
```

Activitat 5. Editeu, compileu i proveu el següent programa que calcula la signatura d'un enter. S'entén per signatura d'un enter la suma dels seus dígits calculada de la següent forma: Se sumen els dígits, si el resultat és més gran que 9, se sumen els dígits del resultat, i així successivament fins que el resultat tingui un sol dígit. Per exemple:

```
129 : 1 + 2 + 9 = 12 : 1 + 2 = 3. Signatura: 3
778 : 7 + 7 + 8 = 22 : 2 + 2 = 4. Signatura: 4
991 : 9 + 9 + 1 = 19 : 1 + 9 = 10 : 1 + 0 = 1. Signatura: 1
```

```cpp
#include <iostream>

using namespace std;

int main(void)
{
    int i, suma, elem;

    cin >> i;
    while (i >= 10)
    {
        suma = 0; elem = i % 10;
        while (i > 0)
        {
            suma += elem;
            i = i / 10; elem = i % 10;
        }
        i = suma;
    }
    cout << suma;

    return 0;
}
```

3.5.2 Segona part: programes per completar

Activitat 1. Modifiqueu la primera activitat de l'apartat anterior de forma que es digui si per a cada element la seqüència és creixent, constant o decreixent. Només cal tenir en compte els dos darrers valors. Per al primer valor podem considerar que és constant.

Activitat 2. Donada una seqüència de valors de sensors com els de l'activitat 4 anterior, implementeu un programa que determini l'identificador del sensor amb el valor mínim de decibels.

Activitat 3. Donada una seqüència de valors de sensors com la de l'activitat anterior, que va acompanyada, per a cada mesura del sensor d'un identificador de zona (enter), implementeu un programa que busqui la primera aparició d'un determinat sensor d'una zona determinada, ambdós entrats per l'usuari.

Activitat 4. Modifiqueu el programa anterior de forma que es busqui la darrera aparició d'un determinat sensor d'una zona determinada.

3.5.3 Tercera part: programes per desenvolupar

Activitat 1. Implementeu un programa tal que donada una seqüència de zones (identificador, nom i descripció), busqui si una determinada zona hi apareix més d'una vegada. La seqüència acaba amb un identificador de zona 0.

Activitat 2. Donada una seqüència d'entrada com la de l'activitat 3 de l'apartat anterior, implementeu un programa que calculi la mitjana de decibels d'una zona donada (entrada per teclat).

Activitat 3. Donada una seqüència d'entrada com la de l'activitat 3 de l'apartat anterior i dos identificadors de zona, implementeu un programa que determini quina és la que té un valor màxim de decibels.

Activitat 4. Donada una seqüència d'entrada com la de l'activitat anterior, en la qual les mesures estaran ordenades per zones, implementeu un programa que determini quina zona té la mitjana de soroll més elevada.

3.6 Activitats opcionals

Activitat 1. Implementeu un programa que busqui una paraula donada en un text acabat en '.'.

Activitat 2. Implementeu un programa que determini si la primera paraula d'un text acabat en '.' es repeteix més d'una vegada (encara que sigui amb les majúscules i minúscules diferents).

Activitat 3. Donada una seqüència de mesures de sorolls com les de l'activitat 2 de l'apartat anterior) ordenada de forma creixent per decibels, determineu si la seva mitjana és superior a un valor X entrat per l'usuari.

Activitat 4. Donada una seqüència de mesures de sorolls d'un mateix sensor a diferents hores del dia (ordenada per hores) que s'entren per teclat, implementeu un programa que determini si hi ha hagut més de 3 mesures seguides per sobre d'un determinat valor X en menys de 60 minuts.

Activitat 5. Donada una seqüència de punts en 2D, determineu si són tots colinials.

Bibliografia

1. Brian W. Kernighan, Dennis M. Ritchie. *El Lenguaje de Programación C.* Prentice Hall, 1991, Capítol 4.

2. Fatos Xhafa, Pere-Pau Vázquez, Jordi Marco, Xavier Molinero, Angela Martín. *Programación en C++ para Ingenieros.* Thomson-Paraninfo, 2006, Capítol 4

Sessió 4
Accions i Funcions

4.1 Objectius

En finalitzar aquesta sessió l'estudiant ha de ser capaç de:

- Dissenyar subprogrames
- Entendre el mecanisme de pas de paràmetres en C++
- Entendre la diferència entre acció i funció

4.2 Continguts

1. Temporització

2. Explicacions prèvies

    - Subprogrames
    - Referències en C++
    - Pas de paràmetres en C++
    - Accions
    - Funcions

3. Guió de la sessió

    - Primera part: Programes per provar
    - Segona part: Programes per modificar
    - Tercera part: Programes per resoldre

4. Treball opcional

    Bibliografia

4.3 Temporització

Activitat	Temps estimat	Temps realització
Explicacions prèvies	20 minuts	
Primera part: Programes per provar	20 minuts	
Segona part: Programes per completar	30 minuts	
Tercera part: Programes per desenvolupar	40 minuts	
Treball opcional	45 minuts	

4.4 Explicacions prèvies

4.4.1 Subprogrames

El llenguatge C++ té una extensió relativament petita que conté bàsicament els tipus predefinits i les estructures de control. Per augmentar les possibilitats del llenguatge, a més, aquest permet la construcció de nous tipus i la creació de subprogrames.

Els subprogrames són agrupacions d'instruccions sota un nom que realitzen una tasca determinada. La programació utilitzant subprogrames permet facilitar la legibilitat del codi, millorar l'abstracció i a la vegada el seu manteniment.

En C++ hi ha un sol tipus de subprogrames que són les funcions; malgrat això, podem distingir dos tipus de funció: les que no retornen res i les que retornen un valor. Aquesta distinció s'adiu molt bé al que en teoria de la programació s'ha dit accions i funcions respectivament, amb alguna diferència: en C++ les funcions poden tenir paràmetres d'entrada i sortida igual que les accions. Per mantenir la coherència amb la teoria de la programació, s'explicaran de forma separada, tot i que, com es veurà, acaben essent la mateixa cosa amb lleus diferències en el seu ús.

4.4.2 Referències en C++

Per entendre el mecanisme de pas de paràmetres, és necessari entendre prèviament què s'entén i com es defineixen les variables referència en C++.

En una primera aproximació, una referència a una variable és un "àlies" a la variable que ens possibilita referir-nos a ella mitjançant un altre nom (l'àlies) sense haver de fer còpia de la variable.

Considerem les sentències següents:

```
int x=10;
int& y=x;
```

En el primer cas, el que s'està fent és una declaració d'una variable (x) a la qual se li assigna el valor 10. En el segon cas, el que fem és dir que tenim una determinada variable (y) que és una còpia de x (això ho determina l'assignació). En aquest cas el que fem és determinar que y es refereix a la posició de memòria que guarda la informació de x. D'aquesta forma, la mateixa posició de memòria té ara dos noms. Per aquesta raó a les referències se les anomena *alies*. Copieu i proveu el següent programa:

```cpp
#include <iostream>
#include <cstdlib>
using namespace std;

int main(void)
{
    int x=10;
    int y=x;
    cout << "x = "<< x << " y = "<< y <<endl;
    cout << "Ara modifiquem el valor de y"<<endl;
    y = 15;
    cout << "x = "<< x << " y = "<< y <<endl;

    return 0;
}
```

En canvi, si declarem una segona variable com a referència a la primera, com es fa en el següent programa, vegeu que el comportament és diferent:

```cpp
#include <iostream>
#include <cstdlib>
using namespace std;

int main(void)
{
    int x=10;
    int& z = x; // z és un alias de x

    cout << "x = "<< x << " z = "<< z << endl;
    cout << "Ara modifiquem el valor de z"<<endl;
    z = 15; // això canviarà, a la vegada el valor de x!
    cout << "x = "<< x << " z = "<< z << endl;

    return 0;
}
```

Per declarar una referència a una variable (una variable referència) se segueix la notació següent:

```cpp
tipus& nomVar = variableALaQualEsReferencia;
```

on & és, en aquest context, l'operador de referència.

Fins ara només hem vist que la utilització de referències a altres variables ens dóna la possibilitat de batejar-les de més d'una manera. Això sembla de poca utilitat. De fet, no serveix per a gaire bé res en l'exemple que hem posat, ja que en aquests casos tant la variable com la seva referència tenen el mateix àmbit de visibilitat. Com veurem de seguida, l'ús de referències pren sentit quan aquests àmbits són diferents. Això passa en la definició d'accions i funcions.

4.4.3 Pas de paràmetres en C++

A l'hora d'intercanviar informació entre un subprograma i el que el crida, l'intercanvi es fa mitjançant els paràmetres. A l'hora de definir un subprograma hem de donar-li el nom i determinar quina informació pot rebre/enviar mitjançant el que anomenem els paràmetres *formals* del subprograma. Quan vulguem utilitzar un subprograma, farem ús d'ell i posarem entre parèntesis els paràmetres corresponents a la crida, que s'anomenen paràmetres reals. Més formalment:

- Paràmetres formals: Són els paràmetres que apareixen a la capçalera de la definició d'una acció o funció, per tant els defineixen amb tipus i nom.

- Paràmetres actuals: Són els paràmetres concrets amb els quals es crida una acció o funció. Les possibilitats aquí són:

Paràmetres formals	Paràmetres actuals corresponents
Per valor	Expressió: constant, variable,...
Per referència	Sempre una variable

La correspondència entre els paràmetres formals i els actuals es fa un a un i segons l'ordre. Perquè una crida a un subprograma sigui correcta s'haurà d'acomplir:

- El nom del subprograma s'ha escrit correctament.

- El nombre de paràmetres de la crida és igual que el nombre de paràmetres formals.

- Els tipus dels paràmetres es corresponen un a un.

- Per a cada paràmetre:

  - Si és d'entrada, a la crida el paràmetre real és *una expressió del tipus corresponent ben construïda*[3].

  - Si és de sortida, a la crida el paràmetre real és *una variable del tipus corresponent*.

En C++ es poden passar els paràmetres de dues formes diferents, per valor i per referència (no parlarem del pas per punter). En el primer cas, el que passem és la informació que volem i en el segon la seva localització; per aquesta raó, en el pas per valor no podem fer que un subprograma hi emmagatzemi un resultat i en el pas per referència sí.

Hi ha un tercer mètode de pas de paràmetres que s'anomena el pas per *referència constant*. Bàsicament el que significa és que estem passant la direcció d'una variable però que a la vegada aquesta no es pot modificar. La raó per la qual ens pot interessar això és quan tenim tipus que guarden grans quantitats de dades (taules o tuples) i, per aquesta raó, el fet de passar una referència ens estalvia dades a copiar, i en posar-la com a constant fa que no es puguin modificar.

Les principals característiques dels mètodes de pas de paràmetres apareixen a la següent taula:

Classe de paràmetre	Pas en C++	Sintaxi
Paràmetres d'entrada	Pas per valor	tipus nom_parametre
	Pas per referència constant	**const** tipus& nom_parametre
Paràmetres de sortida	Pas per referència	tipus& nom_parametre
Paràmetres d'entrada/sortida	Pas per referència	tipus& nom_parametre

És molt important tenir clar què implica l'ús dels paràmetres per valor i per referència:

- **Pas per valor:** En efectuar-se la crida de l'acció / funció, en un paràmetre formal es copia el valor del paràmetre real corresponent. D'aquesta manera l'acció o funció opera amb la còpia del valor cosa que assegura que el paràmetre actual queda intacte després de la crida.

- **Pas per referència:** El paràmetre formal és una referència (àlies) del paràmetre real corresponent. D'aquesta manera, qualsevol canvi del valor del paràmetre formal implica canvi del paràmetre real.

4.4.4 Accions

Una acció és un subprograma que retorna un valor buit (*void*). La sintaxi de definició d'una acció és la següent:

```
void nomAccio(<pars formals>)
{
    <cos accio>
}
```

El cos de l'acció realitza les tasques que s'hagi especificat usant com a informació d'entrada els paràmetres d'entrada (si n'hi ha) i com a informació de sortida els paràmetres de sortida (si n'hi ha). Una acció pot llegir l'entrada de teclat o fer sortida per pantalla; malgrat això, només és aconsellable si

---

[3]Una expressió ben construïda pot ser una variable inicialitzada.

es té clar que es farà així (per exemple perquè el seu nom ho indica), altrament el codi pot ser difícil de llegir.

Una acció pot ser declarada en un lloc i definida en un altre, ja que la declaració permet batejar-la i reservar l'espai que es necessiti per als seus paràmetres. Així, podem tenir:

```
void nomAccio(<pars formals>);

// codi, per exemple el programa principal

void nomAccio(<pars formals>)
{
    <cos accio>
}
```

La definició per separat de la capçalera i la implementació de les accions ajuda a la lectura del codi, així com facilita el seu ús sense que es requereixi implementar-les abans, ja que un cop definit el nom i els paràmetres, el compilador ja sap si una crida és correcta.

El següent exemple mostra una acció que llegeix un punt en 2D format per dos reals:

```
#include <iostream>

using namespace std;

void llegirPunt(double& x, double& y)
{
    cout << "Entra un punt de dues components reals: ";
    cin >> x >> y;
}
```

La crida a una acció és una sentència, és a dir, en retornar un valor *void*, no pot ser utilitzada en una expressió.

4.4.5 Funcions

Una funció és un subprograma que retorna un valor. La sintaxi de definició d'una funció és la següent:

```
tipusRetorn nomFuncio(<pars formals>)
{
    <cos funcio>

    return <exprRetorn>;
}
```

El cos de la funció realitza els càlculs que s'hagin especificat usant la informació que provingui dels paràmetres com calgui. Tal i com passa amb les accions, les funcions poden tenir paràmetres de sortida, però a més d'això, una funció calcula un valor i el retorna al subprograma que l'hagi cridat mitjançant l'expressió calculada a *exprRetorn*, que ha de ser del mateix tipus que la funció (ha de ser del tipus expressat a *tipusRetorn*.

Igual que amb les accions, podem declarar i definir les funcions en llocs diferents. Així, quedaria:

```
tipusRetorn nomAccio(<pars formals>);

// codi, per exemple el programa principal

tipusRetorn nomAccio(<pars formals>)
{
    <cos funcio>

    return <exprRetorn>;
}
```

Com ja s'ha comentat, la definició per separat de la capçalera i la implementació ajuda a la lectura del codi i facilita el seu ús.

El següent exemple mostra una funció que determina si un nombre és primer:

```cpp
#include <iostream>
using namespace std;

//#include <stdlib.h>

bool esPrimer(int num);

int main()
{
    int num;

    cout << "Entra un enter positiu"<< endl;
    cin >> num;

    if (esPrimer(num))
        cout << num << " és primer"<< endl;
    else
        cout << num << " no és primer"<< endl;
    return 0;
}

bool esPrimer(int num)
{
    bool resu = true;
    int i = 2;

    while (resu && i < num)
    {
        if (num % i == 0)
            resu = false;
        i++;
    }
    return resu;
}
```

La crida a una funció és una expressió del tipus de la funció, és a dir, en retornar un valor, aquesta pot ser utilitzada en una expressió si el tipus de la funció es correspon amb el lloc on es vol utilitzar.

Les accions i funcions són subprogrames. Per aquesta raó, poden tenir tot el que té la funció principal (el *main*, que no és més que un subprograma amb un nom prefixat), declaració de variables, estructures de control, etc.

4.5 GUIÓ DE LA SESSIÓ

4.5.1 Primera part: programes per provar

Activitat 1. Editeu, compileu i proveu el següent programa tal que donat el punt central d'un cercle i un punt de la seva frontera, calculi l'àrea i el perímetre del cercle:

```cpp
#include <iostream>
#include <cmath>

using namespace std;

float dist(float cx, float cy, float px, float py);
void calculs(float Cx, float Cy, float Px, float Py,
float& area, float& longitud);

int main(void)
{
    float Cx, Cy, Px, Py;
    float longitud, area;
    cout << "Entra les coordenades del centre:   ";
    cin >> Cx >> Cy;
    cout << "Entra un punt del perímetre:   ";
    cin >> Px >> Py;
    calculs(Cx, Cy, Px, Py, area, longitud);
    cout << "L'àrea és:   "<< area
    << " la longitud "<< longitud << endl;
    return 0;
}

void calculs(float Cx, float Cy, float Px, float Py,
             float& area, float& longitud)
{
    float radi;
    const float PI = 3.14159;
    radi = dist(Cx, Cy, Px, Py);
    longitud = 2 * PI * radi;
    area = PI * pow(radi, 2);
}

float dist(float cx, float cy, float px, float py)
{
    return sqrt((cx-px) * (cx-px) + (cy-py)*(cy-py));
}
```

Activitat 2. Editeu, compileu i proveu el següent programa que aproxima el valor de e utilitzant la fórmula de Euler: $e \cong 1 + 1/2! + 1/3! + \ldots + 1/n!$. Tingueu en compte que l'aproximació ve limitada pel càlcul del factorial, ja que aquest pot de seguida desbordar el contingut d'un *long*:

```cpp
#include <iostream>
using namespace std;

long factorial(long n);

int main(void)
{
    double e = 1.;
    long numSumands, termeI = 0;

    cout << "Introdueix els sumands a utilitzar:  ";
    cin >> numSumands;
    termeI = 0;
    while (numSumands > 0)
    {
        termeI = termeI + 1;
        e = e + 1./(double)(factorial(termeI));
        numSumands = numSumands - 1;
    }
    cout << e << endl;

    return 0;
}

long factorial(long n)
{
    long f;
    f = n;
    while (n > 1)
    {
        n = n - 1;
        f = f * n;
    }
    return f;
}
```

Activitat 3. Editeu, compileu i proveu el següent programa que llegeix i escriu les dades relatives a una mesura d'un sensor:

```cpp
#include <iostream>
using namespace std;

void llegirSensor(int& hh, int& mm, int& dia,
    int& mes, int& any, float& decibels);
```

```
void escriuSensor(int hh, int mm, int dia,
    int mes, int any, float decibels);

int main(void)
{
    int hh, mm, dia, mes, any;
    float decibels;

    llegirSensor(hh, mm, dia, mes, any, decibels);

    cout << "Les dades llegides són:  ";
    escriuSensor(hh, mm, dia, mes, any, decibels);

    return 0;
}


void llegirSensor(int& hh, int& mm, int& dia,
    int& mes, int& any, float& decibels)
{
    cout << "Entra les dades d'un sensor (hora, data i dB): ";
    cin >> hh >> mm >> dia >> mes >> any >> decibels;
}

void escriuSensor(int hh, int mm, int dia,
    int mes, int any, float decibels)
{
    cout << "Decibels "<< decibels << endl;
    cout << " el dia ";
    cout << dia << "/"<< mes << "/"<< any << endl;
    cout << "a les ";
    cout << hh << ":"<< mm << endl;
}
```

Activitat 4. Editeu, compileu i proveu el següent programa que realitza diferents operacions sobre punts en l'espai de dues dimensions:

```
#include <iostream>
using namespace std;

#include <math.h>

double distancia(double x1, double y1, double x2, double y2);
void llegirPunt(double& x, double& y);
void escriuPunt(double x, double y);
void intermig(double x1, double y1, double x2, double y2, double& xMig, double& yMig);
```

```
int main(void)
{
    double x, y, xx, yy;

    llegirPunt(x, y);
    llegirPunt(xx, yy);

    cout << "El primer punt és ";
    escriuPunt(x, y);

    cout << "El segon punt és ";
    escriuPunt(xx, yy);

    cout << "La distància entre els dos és "<< distancia(x, y, xx, yy) << endl;

    cout << "El punt intermig és ";
    double xAux, yAux;
    intermig(x, y, xx, yy, xAux, yAux);
    escriuPunt(xAux, yAux);

    return 0;
}

double distancia(double x1, double y1, double x2, double y2)
{
    return sqrt((x1-x2)*(x1-x2) + (y1-y2)*(y1-y2));
}

void llegirPunt(double& x, double& y)
{
    cout << "Entra un punt de dues components reals:  ";
    cin >> x >> y;
}

void escriuPunt(double x, double y)
{
    cout << "( "<< x << " , "<< y << " )"<< endl;
}

void intermig(double x1, double y1, double x2, double y2, double& xMig, double& yMig)
{
    xMig = (x1 + x2) * .5;
    yMig = (y1 + y2) * .5;
}
```

4.5.2 Segona part: programes per completar

Activitat 1. Agafeu l'exercici 4 de l'apartat anterior i modifiqueu-lo perquè tracti amb punts de tres components.

Activitat 2. Agafeu l'exercici 4 de l'apartat anterior per fer un programa que llegeixi una seqüència d'entrada de punts acabada en 0 0 i calculi el parell de punts consecutius a la seqüència al qual li correspón la distància màxima. El programa ha d'escriure a la sortida els dos punts i la distància entre ells.

Activitat 3. Implementeu com a accions i funcions els exercicis de la darrera sessió.

4.5.3 Tercera part: programes per desenvolupar

Activitat 1. Dissenyeu un programa que passi un text acabat en '.' a majúscules utilitzant accions i funcions.

Activitat 2. Dissenyeu un programa que compti quantes vegades apareix cada vocal en un text acabat en punt, utilitzant accions i funcions.

Activitat 3. Dissenyeu un programa que determini si en un text existeix alguna paraula que contingui totes les vocals.

4.6 Activitats opcionals

Activitat 1. Implementeu un programa que donat un enter N, escrigui els dígits del binari corresponent (en ordre invers). Per exemple, si l'entrada fos: 55, hauria d'escriure 111011, o si l'entrada fos 32, hauria d'escriure 000001.

Activitat 2. Implementeu un programa que donat un enter N, el passi a binari (el binari es pot emmagatzemar en un *long*).

Activitat 3. Implementeu un programa que, donat un enter N i una base B, passi l'enter a base B.

Activitat 4. S'anomena caixa englobant a un polígon 2D a tot rectangle que conté tot el polígon. Per a qualsevol polígon donat com a sèrie de punts, es pot calcular una caixa englobant agafant la coordenada x més petita, la coordenada y més petita i el mateix per a les més grans. Aleshores la caixa englobant serà el rectangle que tingui com a origen les coordenades més petites i com a fi les més grans. Implementeu un programa que, donat una sèrie de punts 2D acabada en el punt *(0,0)*, calculi el punt més petit. Els punts arriben en forma de parelles de nombres reals. El polígon té tots els punts amb coordenades estrictament més grans que zero.

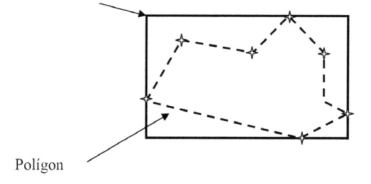

Caixa englobant

Polígon

Activitat 5. S'anomenen nombres perfectes aquells que són la suma de tots els seus divisors (excepte ells mateixos). Implementa un subprograma que, donat un nombre enter N, determini si és perfecte.

Bibliografia

1. Brian W. Kernighan, Dennis M. Ritchie. *El Lenguaje de Programación C*. Prentice Hall, 1991, Capítol 5

2. Fatos Xhafa, Pere-Pau Vázquez, Jordi Marco, Xavier Molinero, Angela Martín. *Programación en C++ para Ingenieros*. Thomson-Paraninfo, 2006, Capítol 5

Sessió 5
Taules

5.1 Objectius

En aquesta sessió es practicarà amb el tipus de dades taula en C++, que és una eina molt important en la resolució de problemes complexos. Concretament, els objectius que es volen assolir en completar la sessió són:

- Practicar amb la definició de tipus taula i l'accés als elements d'una taula.

- Practicar amb l'esquema de recorregut i cerca en taules.

- Practicar amb taules parcialment omplertes: amb longitud i sentinella.

- Practicar amb les cadenes de caràcteres: el tipus `string`.

- Practicar amb taules d'elements de tipus taula.

- Practicar amb el pas de taules com a paràmetres d'accions i funcions.

Al llarg de la sessió es posarà èmfasi en els avantatges que representa utilitzar taules però també alguns inconvenients i possibles errors a l'hora de treballar amb taules.

5.2 Continguts

1. Temporització

2. Explicacions prèvies

    - Conceptes bàsics de taules: definició i accés a elements d'una taula
    - Representació d'una taula: amb longitud i sentinella
    - Tractament seqüencial de taules: esquemes de recorregut i cerca
    - Taules com paràmetres d'accions i funcions
    - El tipus `string` de la llibreria estàndard
    - Taules amb component de tipus taula

3. Guió de la sessió: Taules

    - Primera part: programes per provar
    - Segona part: programes per completar
    - Tercera part: programes per desenvolupar

5.3 Temporització

Activitat	Temps estimat	Temps realització
Explicacions prèvies	10 min.	
Primera part: programes per provar	30 min.	
Segona part: programes per completar	30 min.	
Tercera part: programes per desenvolupar	40 min.	
Activitats opcionals	50 min.	

5.4 Explicacions prèvies

Conceptes bàsics de taules. El tipus de dades taula és cabdal en la programació i es correspon amb l'organització en una zona contigua de la memòria d'un conjunt d'elements, tots del mateix tipus. En un programa, acció o funció, els objectes de tipus taula es poden declarar de dues maneres:

- Definint prèviament un tipus taula i usant el tipus definit per declarar-ne objectes. Per exemple, podem definir un tipus taula `tMesura` per emmagatzemar els valors de soroll mesurats en 20 punts diferents d'una ciutat, de la següent manera:

  typedef double tMesura[20];

  i després declarar objectes taula del tipus definit: `tMesura mesuresBCN,mesuresTerrassa;`

  L'avantatge d'aquest mètode és que permet declarar diversos objectes del mateix tipus alhora.

- Declarant directament l'objecte de tipus taula. Per exemple, podem declarar la taula `mesures` com segueix:

  double mesures[20];

En tots dos casos, és una bona pràctica definir constants per a la llargària de la taula per tal de donar més generalització al programa. Així, en l'exemple anterior, faríem:

  const int MAX_MESURES=20;
  typedef double tMesura[MAX_MESURES];

Aquesta manera de declarar objectes de tipus taula és vàlid tant per taules unidimensionals com multidimensionals, malgrat que la sintaxi de declaració és diferent.

Pel que fa a l'accés als elements d'una taula, cal tenir present que les taules ofereixen accés directe als seus elements a través de l'operador [] i usant la correspondència biunívoca entre el valor de l'índex(s) i el valor que ocupa l'element a la taula. Cal, però, tenir present que per a una taula de N elements, els elements estan indexats de 0 a N-1. Així doncs, `mesures[3]` dóna el valor de la 4a mesura a la taula. Val a dir que un error freqüent és considerar com a primer element de la taula el del valor de l'índex igual a 1 i deixa així fora un element de la taula i l'últim al correponent a N, que significaria accedir a una zona de memòria fora de la taula. El compilador no avisa d'aquest tipus d'error!

Similarment, en les taules multidimensionals, els elements segons una dimensió estan indexats de `0..dimensio-1`. Cada element ocupa una posició indicada pels valors dels índexs (un valor per a cada posició). Així, en una taula bidimensional per mantenir pels darrers 10 anys (1996-2005) les temperatures mínima, mitjana i màxima (una matriu 10×3, `double temperatures[10][3]`), l'element `temperatures[9][2]` donaria la temperatura màxima de l'any 2005.

Representació d'una taula: amb longitud i sentinella. Un cop declarat un objecte de tipus taula, la seva dimensió (llargària) no es pot modificar. La taula, però, pot emmagatzemar un nombre d'elements inferior a la seva dimensió. En aquest cas, parlem de taules parcialment ompleres per a les quals tenim dues alternatives de representació: (a) mantenir una variable addicional pel nombre d'elements; (b) mantenir un element fictici distingit dels elements de la taula (un element sentinella) com a element final de la taula.

Malgrat que les dues alternatives són acceptables, cal tenir present que la representació amb sentinella, per una banda, no permet saber directament el nombre d'elements de la taula (caldria comptar-los) i, per altra, l'element sentinella ha de ser distingible dels elements vàlids de la taula; en alguns casos no és immediat trobar un sentinella. Un altre problema amb taules amb sentinella resultaria en cas de voler afegir un element al final de la taula que requeriria desplaçar el sentinella, cosa que no passaria en la representació amb longitud. Amb tot, la representació més freqüent de les taules que utilitzarem és la representació amb longitud.

Tractament seqüencial de taules: esquemes de recorregut i cerca. El tipus taula és una estructura de dades seqüencial: els elements de la taula estan organitzats en forma d'una seqüència (vegeu Secció 3.4.2). Per tal d'aplicar els esquemes de recorregut i cerca, cal treballar amb la seqüència dels valors de l'índex(s) de la taula. En cas de taules parcialment ompleres, cal tenir present la seva representació (amb longitud o sentinella). En tots dos casos, és important assegurar-se que no sortim fora del rang dels valors de l'índex.

Taules com a paràmetres d'accions i funcions. Les taules es poden passar com a paràmetres a accions i funcions. A diferència d'altres tipus de paràmetres, en el cas de paràmetres de tipus taula tenim, essencialment, un pas per referència. Depenent del cas podem fer un pas per referència constant per tal d'evitar la modificació no desitjada de la taula.

El tipus `string` de la llibreria estàndard. `string` és un tipus definit en la llibreria estàndard de C++ per a cadenes de caràcters. Tot i que podem definir nosaltres mateixos un tipus de cadena de caràcters usant taules, treballar amb taules de caràcters de C++ pressuposa certa dificultat i és font d'errors. El tipus `string` permet aplicar les operacions bàsiques conegudes per altres tipus bàsics com ara comparació directa (usant ==), assignació (=), lectura i escriptura directa (amb els operadors de `cin` i `cout` resp.), etc. Així doncs, usarem el tipus `string` per treballar amb cadenes de caràcters. Cal incloure en el programa la directiva `#include<string>`.

5.5   GUIÓ DE LA SESSIÓ

5.5.1   Primera part: programes per provar

En aquesta primera part es tracta d'editar els programes que se us proposen en el vostre editor, que els compileu i els executeu. Cal observar el codi dels programes, especialment pel que fa l'ús de les taules i després la seva execució. Executeu els programes més d'una vegada per tal d'observar-ne diferents aspectes.

Programes amb taules unidimensionals

Activitat 1: Editeu, compileu i executeu el programa per calcular el valor de la mesura mínima, màxima i mitjana de valors de mesures.

Remarquem que per als càlculs demanats d'aquest cas concret no faria falta l'ús de la taula. Com veurem més endavant, però, aquesta taula es pot associar a un sensor que pren les mesures, i és quan necessitaríem l'ús de la taula per emmagatzemar els valors.

```cpp
//Programa que llegeix d'entrada valors de mesures, els guarda en una taula i
//després calcula el valor mínim, màxim i mitjana de les mesures introduïdes.

#include <iostream>
#include <stdlib.h>
#include <iomanip>

using namespace std;

const int MAX_MESURES=10;
typedef double tMesura[MAX_MESURES];

int main() {
    tMesura mesures;          //Taula de les mesures

    cout << "Introdueix "<< MAX_MESURES << " valors reals:  ";
    //Omplim la taula amb valors llegits del canal d'entrada
    for (int i=0;i<MAX_MESURES;i++)
        cin >> mesures[i];

    //Declarem variables i les inicialitzem
    double suma=0.0;  //Suma de les mesures
    double min=1000.0; //Valor mesura mínima, inicialitzat al valor considerat
                       // com a valor màxim de les mesures
    double max=0.0;    //Valor mesura màxima, inicialitzat al valor mínim
                       //dels possibles valors de mesures

    //Recorrem la taula per fer els càlculs
    for (int i=0;i<MAX_MESURES;i++) {
        suma=suma+mesures[i];
        if (mesures[i] < min) min=mesures[i]; //Actualitzem el mínim
        if (mesures[i] > max) max=mesures[i]; //Actualitzem el màxim
    }

    //Escrivim els resultats
    cout.precision(4);
    cout << "Mesura mínima: "<< min << endl;
    cout << "Mesura mitjana: "<< suma/MAX_MESURES << endl;
    cout << "Mesura màxima: "<< max << endl;
    return 0;
}
```

Activitat 2: Editeu, compileu i executeu el programa per calcular el valor de la mesura mínima, màxima i mitjana de mesures. Taula amb longitud.

```
//Programa que llegeix d'entrada valors de mesures, els guarda en una taula i
//després calcula el valor mínim, màxim i mitjà de les mesures introduïdes.
//Es manté taula amb longitud.

#include <iostream>
#include <stdlib.h>
#include <iomanip>

using namespace std;


const int MAX_MESURES=10;
typedef double tMesura[MAX_MESURES];

int main() {
    tMesura mesures;        //Taula de les mesures
    int nMesures;           //Nombre de mesures a la taula

    cout << "Introdueix el nombre de mesures: "; cin >> nMesures;
    cout << "Introdueix "<< nMesures << " valors reals: ";
    //Omplim la taula amb valors llegits del canal d'entrada
    for (int i=0;i<nMesures;i++)
        cin >> mesures[i];

    //Declarem variables i les inicialitzem
    double suma=0.0;   //Suma de les mesures
    double min=1000.0; //Valor mesura mínima, inicialitzat al valor considerat
                       // com a valor màxim de les mesures
    double max=0.0;    //Valor mesura màxima, inicialitzat al valor mínim
                       //dels possibles valors de mesures

    //Recorrem la taula per fer els càculs
    for (int i=0;i<nMesures;i++) {
        suma=suma+mesures[i];
        if (mesures[i] < min) min=mesures[i]; //Actualitzem el mínim
        if (mesures[i] > max) max=mesures[i]; //Actualitzem el màxim
    }

    //Escrivim els resultats
    cout.precision(4);
    cout << "Mesura mínima:  "<< min << endl;
    cout << "Mesura mitjana:  "<< suma/double(nMesures) << endl;
    cout << "Mesura màxima:  "<< max << endl;
    return 0;
}
```

Activitat 3: Editeu, compileu i executeu el programa per comprovar si hi ha alguna mesura que supera els 120dB. Es manté una taula amb sentinella.

```
//Programa que llegeix d'entrada valors de mesures, els guarda en una taula i
//després cerca si hi ha una mesura que supera el valor 120 (valor considerat
//com a màxim valor de soroll suportable). Taula amb sentinella -1.0

#include <iostream>
#include <stdlib.h>
#include <iomanip>

using namespace std;


const int MAX_MESURES=10;
typedef double tMesura[MAX_MESURES+1]; //Una posició addicional per al sentinella

int main() {
    tMesura mesures;          //Taula de les mesures

    cout << "Introdueix un màxim de "<< MAX_MESURES << " valors reals"<<endl;
    cout << "Introdueix -1.0 per acabar."<< endl;
    //Omplim la taula amb valors llegits del canal d'entrada
    double mesura;
    int i=0;
    cin>>mesura;
    while (i<MAX_MESURES && mesura!=-1.0) { //Observem l'ús del sentinella
        mesures[i]=mesura;
        cin>>mesura;
        i++;
    }
    mesures[i]=-1.0; //Posem el valor sentinella al final de la taula

    //Declarem variables i les inicialitzem
    bool trobat=false; //Resultat de la cerca
    i=0;
    while (mesures[i]!=-1 && !trobat) {
        if (mesures[i] > 120.0) trobat=true; else i++;
    }

    //Escrivim el resultat de la cerca
    if (trobat) cout << "Hi ha alguna mesura que supera els 120.0dB"<< endl;
    else cout << "Totes les mesures són inferiors o iguals a 120dB"<< endl;
    return 0;
}
```

Programes amb taules bidimensionals (matrius)

Activitat 4: Editeu, compileu i executeu el programa per mantenir les mesures dels 7 dies de la setmana. El programa calcula la mitjana dels valors de la mesura del dissabte. Usem una matriu $7 \times MAX\_MESURES$, cada fila de la qual correspon a un dia, de dilluns a diumenge.

```
//Programa que llegeix d'entrada valors de mesures dels 7 dies de la setmana
//i els guarda en una taula bidimensional (matriu). Després calcula la mitjana de
//valors de les mesures del dissabte

#include <iostream>
#include <stdlib.h>
#include <iomanip>

using namespace std;

const int DIES_SETMANA=7;
const int MAX_MESURES=10;

typedef double tMesuraSetmana[DIES_SETMANA][MAX_MESURES];

int main() {
    tMesuraSetmana mesures;          //Taula de les mesures

    cout << "Introdueix el nombre de mesures per dia, com a màxim "
        << MAX_MESURES << ":"<< endl;
    int N; cin >> N;
    //Llegim valors pel canal d'entrada i omplim la matriu per files
    for (int i=0;i<DIES_SETMANA;i++) {
        cout << "Introdueix "<< N <<" valors del dia "<< i+1 << endl;
        //Llegim valors i omplim la fila i
        for (int j=0;j<N;j++)
            cin >> mesures[i][j];
    }

    //Declarem variables i les inicialitzem
    double suma=0.0; //Suma de les mesures

    //Recorrem la fila del dissabte per fer el càcul de la mitjana dels valors
    for (int j=0;j<N;j++)
        suma=suma+mesures[5][j];

    //Escrivim els resultats
    cout.precision(4);
    cout << "Mesura mitjana dissabte:  "<< suma/double(N) << endl;
    return 0;
}
```

Programes amb taules com paràmetres d'accions i funcions

Les taules es poden passar com a paràmetres d'accions i funcions. A diferència d'altres tipus, les taules només es poden passar per referència.

Activitat 5: Editeu, compileu i executeu el programa següent, que llegeix d'entrada valors de mesures, els guarda en una taula i després escriu la taula pel canal de sortida. S'usen accions per fer la lectura i escriptura de la taula.

```
//Programa que llegeix d'entrada valors de mesures, els guarda en una taula i
//després torna a escriure la taula de les mesures.

#include <iostream>
#include <stdlib.h>
#include <iomanip>

using namespace std;

const int MAX_MESURES=10;
typedef double tMesura[MAX_MESURES];

//Acció que llegeix valors pel canal d'entrada i omple la taula de mesures
//Rep com a paràmetre de sortida la taula de mesures i com a paràmetre d'entrada
//el nombre d'elements de la taula. Taula amb longitud
void LlegirTaula(tMesura& t, int N){
    cout << "Introdueix "<< N << " valors reals:  ";
    //Omplim la taula amb valors llegits del canal d'entrada
    for (int i=0;i<N;i++)
        cin >> t[i];
}

//Acció que escriu els valors de la taula de mesures
//Rep la taula de mesures per referència constant i el nombre d'elements de la
//taula com a paràmetre d'entrada
void EscriureTaula(const tMesura& t, int N){
    cout << "Valors de la taula de mesures:" << endl;
    for (int i=0;i<N;i++)
        cout << t[i] << ' ';

    cout << endl;
}

int main() {
    tMesura mesures;          //Taula de les mesures
    cout << "Introdueix el nombre de mesures:  ";
    int nMesures; cin >> nMesures;
    //Crida de l'acció de lectura de la taula de les mesures
    LlegirTaula(mesures,nMesures);

    //Crida de l'acció d'escriptura de la taula de les mesures
    EscriureTaula(mesures,nMesures);
    return 0;
}
```

Programa amb cadenes de caràcters

El tipus string serveix per definir cadenes de caràcteres. Associat amb aquest tipus hi ha definides les operacions de comparació, assignació, consultar el nombre de caràcters en la cadena, accedir al caràcter *i*-èssim de la cadena i concatenar dues cadenes, que vegem en el següent programa. Cal prestar atenció a la lectura de cadenes de caràcters que contenen espais.

Activitat 6: Editeu, compileu i executeu el programa següent amb el tipus `string`.

```
//Programa per veure la definició i les operacions bàsiques amb cadenes de
//caràcters usant el tipus string

#include <iostream>
#include <stdlib.h>
#include <string>

using namespace std;

int main() {

    string s1="Hola";
    string s2;
    //Lectura d'una cadena sense espais enmig
    cout << "Introdueix una cadena de caràcters sense espais:"<< endl;
    cin>>s2;

    //Concatenem s1 i s2, deixem un espai enmig
    string s3=s1+ ' '+ s2;

    cout << s3 << endl;

    cin.ignore(); //Neteja el flux d'entrada

    //Lectura d'un text (pot haver-hi espais!)
    cout << "Introdueix un text:  "<< endl; //Per exemple Hola, què tal!
    string s4;
    getline(cin,s4);

    cout << "El text introduït és:  "<< s4 << endl;

    //Comparem les cadenes s3 i s4
    if (s3==s4) cout << "\""<< s3 <<"\""<< " i "<< "\""<< s4 <<"\""
                    << " és el mateix"<< endl;
    else cout << "\""<< s3 << "\""<< " i "<< "\""<< s4 << "\""
            << " són diferents"<< endl;

    //Consultem la llargària d'una cadena usant el mètode length
    cout << s3 << " te "<< s3.length() << " caràcters"<< endl;

    //Accedim al caràcter que ocupa una posició donada en la cadena
    cout << "El tercer caràcter de "<< s3 << " és "<< s3.at(2) << endl;
    return 0;
}
```

Programa amb taula de taules

Un cop definit un tipus taula, es pot usar per definir una taula del tipus taula definit.

Activitat 7: Editeu, compileu i executeu el programa següent per mantenir informació per a un cert nombre de sensors i per a cadascun d'ells manté una taula de mesures. El programa usa una acció per llegir valors de mesures pel canal d'entrada i una funció que donat el número d'un sensor calcula la mitjana de les seves mesures.

```
//Programa que manté informació per a un cert nombre de sensors i per a cadascun
//d'ells manté una taula de mesures. El programa usa una acció per llegir valors
//de mesures pel canal d'entrada i una funció que donat el número d'un sensor
//calcula la mitjana de les seves mesures.

#include <iostream>
#include <stdlib.h>
#include <iomanip>

using namespace std;

const int MAX_SENSORS=5;
const int MAX_MESURES=10;

typedef double tMesura[MAX_MESURES];
typedef tMesura tSensor[MAX_SENSORS];

//Acció que llegeix valors pel canal d'entrada i omple la taula de mesures
//Rep com a paràmetre de sortida la taula de mesures i com a paràmetre d'entrada
//el nombre d'elements de la taula. Taula amb longitud
void LlegirTaulaMesures(tMesura& t, int N){
    cout << "Introdueix "<< N << " valors reals pel sensor: ";
    //Omplim la taula amb valors llegits del canal d'entrada
    for (int i=0;i<N;i++)
        cin >> t[i];
}
//Acció que llegeix valors pel canal d'entrada i omple la taula de sensors
//Rep com a paràmetre de sortida la taula de sensors i com a paràmetre d'entrada
//el nombre d'elements de la taula. Crida l'acció LlegirTaulaMesures
void LlegirTaulaSensors(tSensor& t, int nSensors, int nMesures){
    for (int i=0;i<nSensors;i++)
        LlegirTaulaMesures(t[i],nMesures);
}
//Acció per calcular la mitjana de valors d'una taula de mesures
double mitjanaMesures(const tMesura& t, int nMesures){
    double suma=0.0; //Suma de les mesures
    //Recorrem la taula de mesures
    for (int i=0;i<nMesures;i++)
        suma=suma+t[i];

    return suma/double(nMesures);
}
```

```
//Acció per calcular la mitjana de mesures d'un sensor donat
double mitjanaMesuresSensor(tSensor& t, int sensor, int nMesures){
        return mitjanaMesures(t[sensor],nMesures);
}


int main() {
    tSensor sensors;            //Taula dels sensors

    cout << "Introdueix el nombre de sensors:  ";
    int nSensors; cin >> nSensors;

    cout << "Introdueix el nombre de mesures per sensor:  ";
    int nMesures; cin >> nMesures;

    //Crida de l'acció de lectura de la taula de les mesures
    LlegirTaulaSensors(sensors,nSensors,nMesures);

    cout << "Mitjana mesures sensor 1 "<<
        mitjanaMesuresSensor(sensors,0,nMesures) << endl;
    return 0;
}
```

5.5.2 Segona part: programes per completar

Useu els programes de l'apartat anterior per implementar programes que se us proposen en les activitats
següents:

Activitat 1: Useu el Programa 3 per comprovar si totes les mesures estan per sota de 30 dB (considerat
com a límit del soroll per dormir en condicions normals).

Activitat 2: Reescriviu el Programa 2 utilitzant una acció per a la lectura de mesures i una altra per a
calcular el mínim, màxim i mitjana de mesures.

Activitat 3: Reescriviu el Programa 4 per tal de calcular, per al dia diumenge, a més a més, el mínim
i màxim. Feu servir una acció.

5.5.3 Tercera part: programes per desenvolupar

Implementeu programes per als següents problemes:

Activitat 1: Calculeu el valor mitjà de mesures per cada dia (vegeu Programa 4). Useu una funció per
calcular la mitjana d'un dia. Useu una taula per guardar els valors de mitjanes dels 7 dies i per calcular
el dia amb més soroll (en mitjana).

Activitat 2: Donat un text, calculeu la freqüècia de les lletres A a Z (majúscules o minuscules indistin-
tament). Useu una taula de tipus `int` de 26 posicions per a les freqüències.

5.6   Activitats opcionals

Implementeu programes pels següents problemes.

Activitat 1: Calculeu el número de sensor amb mitjana més alta (vegeu Programa 7).

Activitat 2: Classifiqueu els sensors en tres grups de nivell de soroll segons el valor de la mitjana de mesures del sensor: baixa (inferior o igual a 30 dB), mitjana (entre 30 i 80 dB) i alta (superior a 80 dB) (vegeu Programa 7).

Bibliografia

1. Fatos Xhafa, Pere-Pau Vázquez, Jordi Marco, Xavier Molinero, Angela Martín: *Programación en C++ para Ingenieros*, Thomson-Paraninfo 2006, Capítols 6 i 8

2. Standard Template Library: http://www.sgi.com/tech/stl/

3. Wikipedia: http://es.wikipedia.org/wiki/Decibel

Sessió 6
Tuples

6.1 Objectius

En aquesta sessió es practicarà amb el tipus de dades tupla en C++. El tipus tupla és un constructe molt important en la resolució de problemes complexos que treballen amb dades heterogènies. Concretament, els objectius que es volen assolir en acabar la sessió són:

- Practicar amb la definició de tipus tupla i l'accés als camps d'una tupla.

- Practicar amb les operacions sobre els objectes de tipus compostos (tupla de tuples, tupla amb camps taula, taula de tuples).

- Practicar amb el pas de tuples com a paràmetres d'accions i funcions.

Al llarg de la sessió es posarà èmfasi en els avantatges que representa utilitzar tuples per estructurar la informació en programes complexos. També es farà incís en el fet que el disseny de tipus tupla segueix un patró similar al disseny descendent per a les accions i funcions (vegeu també la Sessió 4).

6.2 Continguts

1. Temporització

2. Explicacions prèvies

   - Conceptes bàsics de tuples: definició i accés a camps de tupla

   - Ús de tuples per definir taules parcialment omplertes amb longitud

   - Tuples com a paràmetres d'accions i funcions

   - Tuples amb camps de tipus taula i tuples amb camps de tipus tupla

3. Guió de la sessió: Tuples

   - Primera part: programes per provar

   - Segona part: programes per completar

   - Tercera part: programes per desenvolupar

4. Activitats opcionals

Bibliografia

6.3 Temporització

Activitat	Temps estimat	Temps realització
Explicacions prèvies	10 min.	
Primera part: programes per provar	30 min.	
Segona part: programes per completar	30 min.	
Tercera part: programes per desenvolupar	40 min.	
Activitats opcionals	50 min.	

6.4 Explicacions prèvies

Conceptes bàsics de tuples. El tipus de dades tupla és cabdal en la programació estructurada i es correspon amb l'agrupació en una sola unitat lògica de dades d'un conjunt d'elements de tipus diferents. En un programa, acció o funció, els objectes de tipus tupla es declaren usualment definint prèviament el tipus tupla i després declarant objectes del tipus definit, tot i que és possible definir un objecte de tipus tupla de manera directa. L'accés a camps d'un objecte de tipus tupla es fa amb l'operador . aplicat sobre el nom de l'objecte i concatenant amb el nom del camp (`nomObj.nomCamp`). En cas de tenir l'objecte tupla, altres camps de tipus tupla o taula, s'apliquen adequadament l'operador . i el d'accés als elements d'una taula `[]`.

Un aspecte important a tenir en compte és que els objectes de tipus tupla, en general, no es poden assignar de manera directa encara que per a alguns casos es pugui fer. De la mateixa manera, tampoc es poden comparar directament (de fet, en algun cas no té sentit comparar dues tuples camp a camp, com ara un tipus tupla de nombres racionals). Quan sigui necessari podem dissenyar accions que permeten crear una còpia de l'objecte tupla que ens interessa.

Ús de tuples per definir taules parcialment omplertes amb longitud. Un dels usos comuns del tipus tupla és el de mantenir informació de taules parcialment omplertes. En aquest cas, la tupla tindria dos camps, un d'ells la taula i l'altre la seva longitud (nombre d'elements).

Tuples com a paràmetres d'accions i funcions. Les tuples com a paràmetres d'accions i funcions segueixen el patró conegut: es poden passar per valor o per referència segons convingui. Cal recordar, però, que el pas per valor implica crear una còpia de l'objecte. Com que les tuples solen tenir molta informació, podem optar a usar el pas per referència constant evitant així la còpia i dotant el programa de més eficiència.

6.5 GUIÓ DE LA SESSIÓ

6.5.1 Primera part: programes per provar

En aquesta primera part es tracta d'editar els programes que se us proposen en el vostre editor, que els compileu i els executeu. Cal observar el codi dels programes, especialment pel que fa l'ús de les tuples i després la seva execució. Executeu els programes més d'una vegada per tal d'observar-ne diferents aspectes.

Activitat 1: Editeu, compileu i executeu el programa següent per definir un tipus tupla tMesura i dissenyar accions per llegir i escriure un objecte de tipus definit tMesura.

//Programa per definir tipus tupla, llegir i escriure objectes del tipus definit

```cpp
#include <stdlib.h>
#include <time.h>
#include <iostream>
#include <string>

using namespace std;

struct tDataHora{
    int h, min, seg;            //hora, minuts i segons
    int dia, mes, any;
};

struct tMesura {
    tDataHora data;
    double valor;               //valor de la mesura
};

//Acció per llegir pel canal d'entrada les dades d'una mesura
void LlegirMesura(tMesura& m){
    cout << "Introdueix el valor: ";
    cin >> m.valor;
    cout << "Introdueix el valor de hora, minuts i segons: ";
    cin >> m.data.h >> m.data.min >> m.data.seg;
    cout << "Introdueix el valor de dia, mes i any: ";
    cin >> m.data.dia >> m.data.mes >> m.data.any;
}

//Acció per escriure els valors dels camps d'un objecte de tipus tMesura
void EscriureMesura(const tMesura& m){
    cout << "Data (dd/mm/aaa): "<< m.data.dia << "/"<< m.data.mes
        << "/"<< m.data.any << endl;
    cout << "Hora (hh:mm:ss): "<< m.data.h << ":"<< m.data.min << ":"
        << m.data.seg << endl;
    cout << "Valor: "<< m.valor<< endl;
}

int main() {
    tMesura m;
    LlegirMesura(m);
    EscriureMesura(m);
    return 0;
}
```

Activitat 2: Editeu, compileu i executeu el programa següent que defineix una tupla per mantenir una taula de mesures parcialment plena i usa accions per calcular mesura mínima, màxima i mitjana.

//Programa que llegeix d'entrada valors de mesures, els guarda en una taula
//parcialment plena definida en un tipus tupla i fa càlculs del valor mínim i màxim
//mitjana de mesures. S'utilitzen tipus i accions del Programa 1.

```cpp
#include <iostream>
#include <stdlib.h>
#include <iomanip>
#include <time.h>

using namespace std;

const int MAX_MESURES=10;

struct tDataHora{
    int h, min, seg;              //hora, minuts i segons
    int dia, mes, any;
};

struct tMesura {
    tDataHora data;
    double valor;                 //valor de la mesura
};

struct tLlistaMesures{
    tMesura mesures[MAX_MESURES]; //La taula de mesures
    int nMesures;                 //Nombre d'elements a la taula
};

//Acció per llegir pel canal d'entrada les dades d'una mesura
void LlegirMesura(tMesura& m){
    cout << "Introdueix el valor:  ";
    cin >> m.valor;
    cout << "Introdueix el valor de hora, minuts i segons:  ";
    cin >> m.data.h >> m.data.min >> m.data.seg;
    cout << "Introdueix el valor de dia, mes i any: ";
    cin >> m.data.dia >> m.data.mes >> m.data.any;
}

//Acció que llegeix valors pel canal d'entrada i omple la taula de mesures
//Rep com a paràmetre de sortida un objecte de tipus tLlistaMesures
void LlegirTaulaMesures (tLlistaMesures& lm) {
    cout << "Introdueix el nombre de valors/mesures:  ";
    cin >> lm.nMesures;
    cout << " Introdueix els valors de les mesures:  ";
    //Omplim la taula amb valors llegits del canal d'entrada
    for (int i=0;i<lm.nMesures;i++)
        LlegirMesura(lm.mesures[i]);
}
```

//Acció que calcula els valors mínim, màxim i mitjà de les mesures

```
//Rep per referència constat un objecte de tipus tLlistaMesures
void Estadistica(const tLlistaMesures& lm, double& min, double& max, double&
                 mitjana) {
    //Inicialitzem la suma, el mínim i màxim al primer element de la taula
    double suma=lm.mesures[0].valor;
    min=lm.mesures[0].valor;
    max=lm.mesures[0].valor;
    for (int i=1;i< lm.nMesures;i++){
        suma=suma+lm.mesures[i].valor;
        if (lm.mesures[i].valor < min) min=lm.mesures[i].valor;
        else if (lm.mesures[i].valor > max) max=lm.mesures[i].valor;
    }
    mitjana=suma/double(lm.nMesures);
}

int main() {
    tLlistaMesures lm;
    //Crida de l'acció de lectura de la taula de les mesures
    LlegirTaulaMesures(lm);
    double min, max, mitjana;
    Estadistica(lm,min,max,mitjana);
    //Escrivim els resultats
    cout.setf(ios::fixed);
    cout.precision(4);
    cout << "Mín: "<< min << ' '<< "Max: "<< max << ' '<< "Mitjana: "<<
    mitjana << endl;
    return 0;
}
```

Activitat 3: Editeu, compileu i executeu el programa següent que defineix una tupla tSensor a la qual se li associa una taula de mesures parcialment plena. El sensor té un identificador i està ubicat en una zona. Després es defineix una tupla per mantenir una llista de sensors (una taula parcialment plena). S'usen accions per calcular mesura mínima, màxima i mitjana de les mesures del sensor.

```
//Programa que defineix una tupla tSensor a la qual se li associa una taula de mesures
//parcialment plena. El sensor té un identificador i està ubicat en una zona.
//S'usen accions per calcular mesura mínima, màxima i mitjana de les mesures
//del sensor.

#include <iostream>
#include <stdlib.h>
#include <iomanip>
#include <time.h>

using namespace std;

const int MAX_MESURES=10;

struct tDataHora{
    int h, min, seg;              //hora, minuts i segons
```

```
        int dia, mes, any;
};

struct tMesura {
    tDataHora data;
    double valor;                //valor de la mesura
};

struct tLlistaMesures{
    tMesura mesures[MAX_MESURES]; //La taula de mesures
    int nMesures;                    //Nombre d'elements a la taula
};

struct tSensor {
    int id;
    int zonaUbicacio;
    tLlistaMesures lm;
};

struct tLlistaSensors{
    tSensor sensors[MAX_MESURES]; //La taula de sensors
    int nSensors;                    //Nombre d'elements a la taula
};


//Acció per llegir pel canal d'entrada les dades d'una mesura
void LlegirMesura(tMesura& m){
    cout << "Introdueix el valor:  ";
    cin >> m.valor;
    cout << "Introdueix el valor de hora, minuts i segons:  ";
    cin >> m.data.h >> m.data.min >> m.data.seg;
    cout << "Introdueix el valor de dia, mes i any:  ";
    cin >> m.data.dia >> m.data.mes >> m.data.any;
}

//Acció que llegeix valors pel canal d'entrada i omple la taula de mesures
//Rep com a paràmetre de sortida un objecte de tipus tLlistaMesures
void LlegirTaulaMesures (tLlistaMesures& lm) {
    cout << "Introdueix el nombre de valors/mesures:  ";
    cin >> lm.nMesures;
    cout << " Introdueix els valors de les mesures:  ";
    //Omplim la taula amb valors llegits del canal d'entrada
    for (int i=0;i<lm.nMesures;i++)
        LlegirMesura(lm.mesures[i]);
}

//Acció per llegir pel canal d'entrada les dades d'un sensor
void LlegirSensor(tSensor& s) {
    cout << "Introdueix l'identificador del sensor:  ";
    cin >> s.id;
```

```cpp
    cout << "Introdueix el número de zona ubicació del sensor:";
    cin >> s.zonaUbicacio;
    LlegirTaulaMesures(s.lm);
}


//Acció que llegeix valors pel canal d'entrada i omple la taula de sensors
//Rep com a paràmetre de sortida un objecte de tipus tLlistaSensors
void LlegirTaulaSensors (tLlistaSensors& ls) {
    cout << "Introdueix el nombre de sensors:  ";
    cin >> ls.nSensors;
    //Omplim la taula amb valors llegits del canal d'entrada
    for (int i=0;i<ls.nSensors;i++)
        LlegirSensor(ls.sensors[i]);
}


//Acció que calcula els valors mínim, màxim i mitjà d'una taula de mesures
//Rep per referència constant un objecte de tipus tLlistaMesures
void EstadisticaMesures(const tLlistaMesures& lm, double& min, double& max,
                        double& mitjana) {
    //Inicialitzem la suma, el mínim i màxim al primer element de la taula
    double suma=lm.mesures[0].valor;
    min=lm.mesures[0].valor;
    max=lm.mesures[0].valor;
    for (int i=1;i<lm.nMesures;i++){
        suma=suma+lm.mesures[i].valor;
        if (lm.mesures[i].valor < min) min=lm.mesures[i].valor;
        else if (lm.mesures[i].valor > max) max=lm.mesures[i].valor;
    }
    mitjana=suma/double(lm.nMesures);
}


//Acció que calcula els valors mín, màx i mitjà de les mesures d'un sensor
//Rep per referència constat un objecte de tipus tLlistaSensors
void EstadisticaSensor(const tSensor& s, double& min, double& max,
                       double& mitjana) {
    EstadisticaMesures(s.lm,min,max,mitjana);
}


int main() {
    tLlistaSensors ls;
    //Crida de l'acció de lectura de la taula de les mesures
    LlegirTaulaSensors(ls);
    double min, max, mitjana;
    //Calculem l'estadística del primer sensor
    EstadisticaSensor(ls.sensors[0],min,max,mitjana);
    //Escrivim els resultats
    cout.setf(ios::fixed);
    cout.precision(4);
    cout << "Estadística del sensor amb id="<< ls.sensors[0].id << endl;
```

```
    cout << "Mín:  "<< min << ' '<< "Max:  "<< max << ' '<< "Mitjana:  "<<
    mitjana << endl;
    return 0;
}
```

6.5.2 Segona part: programes per completar

Useu els programes de l'apartat anterior per implementar programes que se us proposen en les activitats següents:

Activitat 1: Modifiqueu el Programa 3 per tal que escrigui les dades dels sensors. Per a això, implementeu primer una acció `EscriureDadesSensor` que escriu les dades d'un sensor i després useu-lo per implementar l'acció `EscriureDadesSensors`.

Activitat 2: Modifiqueu el Programa 3 (l'acció `EstadisticaMesures`) per tal que calculi la mitjana de temps dels intervals d'arribada de les mesures d'un sensor. Per a això, cal que sumeu les diferències entre els temps de les mesures successives i en calculeu la mitjana.

Activitat 3: Modifiqueu el Programa 3 per tal de calcular l'identificador del sensor amb mitjana de valors de les seves mesures més alta.

6.5.3 Tercera part: programes per desenvolupar

Activitat 1: Utilitzeu el Programa 3 per fer el següent. Definiu un tipus tupla `tZona` per mantenir informació d'una zona de la ciutat. La informació ha de ser la següent: identificador de la zona, nom de la zona, descripció de la zona i la llista de sensors ubicats en la zona. Observeu que en el tipus tupla `tSensor` ja tenim un camp `zonaUbicacio` que referencia l'identificador de la zona. Després, definiu una tupla per mantenir una taula parcialment plena d'objectes de tipus `tZona`.

Activitat 2: Un cop fetes les definicions, feu una acció `LlegirDadesZona` per llegir les dades d'una zona i una acció `LlegirDadesZones` per llegir les dades de totes les zones.

Activitat 3: En base dels apartats anteriors, implementeu una acció per calcular la "contaminació" d'una zona que es calcula com la mitjana de les mitjanes dels sensors ubicats a la zona.

6.6 Activitats opcionals

Implementeu programes per resoldre els següents problemes. Utilitzeu els programes fets anteriorment:

Activitat 1: Donades una zona i dues dates, calculeu la mitjana de la zona limitant-vos a les mesures amb data compresa entre les dates donades.

Activitat 2: Definiu un tipus tupla `tCiutat` on consti del nom de la ciutat, la població i un cert nombre de zones. Implementeu una acció per llegir les dades d'una ciutat i una altra per calcular la zona més contaminada de la ciutat.

Bibliografia

1. Fatos Xhafa, Pere-Pau Vázquez, Jordi Marco, Xavier Molinero, Angela Martín: *Programación en C++ para Ingenieros*, Thomson-Paraninfo 2006, Capítols 6 i 8

Sessió 7
Ordenació i Cerca

7.1 Objectius

En aquesta sessió es practicarà amb els conceptes d'ordenació i cerca en taules. Sovint en els nostres programes podem necessitar ordenar els elements segons algun criteri, per exemple ordenar una llista de notes de menor a major. En alguns programes també hi sorgeix la necessitat de mantenir les dades ordenades, per exemple, mantenir les mesures preses per un sistema de sensor ordenades per hora / data d'arribada al sistema central. D'altra banda, hi tenim el concepte i les tècniques de cerca en taules ordenades. Es tracta d'aprofitar la propietat de la taula ordenada per tal de trobar eficientment un element o una propietat sobre la taula ordenada. Els objectius que es volen assolir en acabar la sessió són:

- Practicar amb els conceptes d'ordenació i cerca.

- Practicar amb dos mètodes bàsics d'ordenació: per selecció i per inserció.

- Practicar amb dos mètodes bàsics de cerca en taules ordenades: cerca linial i cerca binària.

- Conèixer els mètodes de biblioteca de C++ per a l'ordenació i cerca.

- Aplicar els conceptes apresos per desenvolupar programes que requereixen l'ordenació i cerca.

Al llarg de la sessió es posarà èmfasi en els avantatges que representa cadascun dels mètodes d'ordenació i cerca.

7.2 Continguts

1. Temporització

2. Explicacions prèvies

   - Conceptes d'ordenació i cerca
   - Mètodes bàsics d'ordenació: per selecció i per inserció
   - Mètodes bàsics de cerca
   - Mètodes d'ordenació de biblioteca
   - Mètodes de cerca de biblioteca

3. Guió de la sessió: Ordenació i cerca

   - Primera part: programes per provar

- Segona part: programes per completar
- Tercera part: programes per desenvolupar

4. Activitats opcionals

Bibliografia

7.3 Temporització

Activitat	Temps estimat	Temps realització
Explicacions prèvies	10 min.	
Primera part: programes per provar	30 min.	
Segona part: programes per completar	30 min.	
Tercera part: programes per desenvolupar	40 min.	
Activitats opcionals	50 min.	

7.4 Explicacions prèvies

Conceptes d'ordenació i cerca. Una taula t de N elements és ordenada creixentment si es compleix: t[0]$\leq$ t[1]$\leq \cdots \leq$ t[N-1]. Cal tenir present que els elements de la taula no necessàriament han de ser valors numèrics; poden ser de qualsevol tipus de valors comparables segons el criteri $\leq$. Òbviament, les taules d'elements de tipus bàsics char, int i double (i les seves versions) es poden ordenar. Però també podem ordenar una taula d'elements de tipus string ja que aquest tipus té implementat l'operador de comparació $\leq$.

Una taula és considerada parcialment ordenada si es compleix: t[0]$\leq$ t[1]$\leq \cdots \leq$ t[k], per k<N-1. Aquest concepte és d'aplicació quan en algun cas podem necessitar només els k primers elements de la taula ordenats. Per exemple, per obtenir les k millors notes, de major a menor, d'una taula de notes d'un examen.

D'altra banda, la cerca és d'aplicació quan ens interessa trobar si existeix un element a la taula (considerarem el cas de taules ordenades). Depenent del problema a resoldre, podem necessitar saber si existeix o no l'element. Així, per exemple, abans d'afegir un element nou a una taula d'elements no repetits miraríem si tal element existeix o no; en canvi, si el que necessitem és l'element mateix, a més a més ens pot interessar la posició que ocupa.

Mètodes bàsics d'ordenació: per selecció i per inserció. Dels conceptes matemàtics d'ordenació es deriven tècniques d'ordenació d'una taula d'elements. Aquestes tècniques s'apliquen de la mateixa manera quan es vol ordenar de menor a major (ordenació creixent) o de major a menor (ordenació decreixent). Dos mètodes bàsics són l'ordenació per selecció i per inserció.

Tots dos mètodes ordenen la taula pas a pas: en cada iteració la taula està formada per dues parts, una part ordenada i una altra per ordenar. La diferència fonamental rau en el fet que en el mètode per selecció la part ordenada està ordenada *definitivament* mentre que en l'ordenació per inserció està ordenada *temporalment*. Així, el mètode per selecció ens serveix per calcular els k primers elements ordenats de la taula i la d'inserció no.

Mètodes bàsics de cerca. Hi ha dos mètodes bàsics de cerca: la cerca linial i la cerca binària. La primera és similar a la cerca en seqüències i taules (vegeu Subsecció 3.4.4 i Subsecció 5.5.1) però afegint la condició de taula ordenada i la segona es basa en la idea de particions successives de la taula per la *"meitat"* com si fos un diccionari fins trobar l'element buscat o exhaurir la cerca sense trobar-lo.

Mètodes d'ordenació i cerca de biblioteca. Com passa amb altres tècniques de programació, els llenguatges moderns proporcionen funcions de biblioteca per a l'orddenació i la cerca. Considerarem els següents mètodes de la biblioteca estàndard STL que destaquen per la seva eficiència i la facilitat d'ús:

- Métode `sort`:

  - si tenim una taula t de N elements comparables segons el criteri $\leq$, la sentència de crida `sort(t,t+N);` ordenaria la taula t creixentment. Com es pot observar, el primer paràmetre, t, és l'adreça a la memòria del primer element de la taula i el segon paràmetre, t+N, és l'adreça de l'últim element de la taula. En altres paraules: s'ordenen tots els elements compresos entre el primer i l'últim, o sigui tota la taula.

- Mètode `binary_search`:

  - si tenim una taula t de N elements comparables segons el criteri $\leq$, la sentència de crida `binary_search(t,t+N,x);` cerca si l'element x és a la taula t i retorna `true` en cas de trobar-se i `false` en cas contrari.

Notem que per aplicar aquests mètodes cal incloure la directiva `#include<algorithm>` en el nostre programa.

7.5 GUIÓ DE LA SESSIÓ

7.5.1 Primera part: programes per provar

En aquesta primera part es tracta d'editar els programes que se us proposen en el vostre editor, que els compileu i els executeu. Cal observar el codi dels programes, especialment pel que fa l'ús de les taules i després la seva execució. Executeu els programes més d'una vegada per tal d'observar-ne diferents aspectes.

Activitat 1: Editeu, compileu i executeu el programa següent d'ordenació per selecció.

//Programa per ordenar una taula d'enters pel mètode d'ordenació per selecció

```
#include <stdio.h>
#include <stdlib.h>
#include <iostream>

const int DIMENSIO=20;

typedef int tTaulaInt[DIMENSIO];

//Acció per llegir valors enters pel canal d'entrada i omplir una taula
void LlegirTaula (tTaulaInt& t,int& N) {
    cout << "Introdueix el valor de N: ";
    cin >> N;
    cout << "Introdueix "<< N << " valors:";
    for (int i=0;i<N;i++)
        cin >> t[i];
}
```

```cpp
//Acció per escriure una taula pel canal de sortida
void EscriureTaula (const tTaulaInt& t,int N) {
    for (int i=0;i<N;i++)
        cout << t[i] << ' ';

    cout << endl;
}


//Acció para intercanviar els valors de dues posicions de la taula
void IntercanviarValors (tTaulaInt& t, int i, int j) {
    int aux=t[i];
    t[i]=t[j];
    t[j]=aux;
}


//Acció per calcular la posició del valor mín de t[k..N-1] d'una taula t
int PosicioMin (const tTaulaInt& t, int N, int k) {
    int pos=k;
    for (int j=k+1;j<N;j++) {
        if (t[j]<t[pos]) {
            pos=j;
        }
    }
    return pos;
}


//Acció per ordenar una taula d'enters pel mètode de selecció
void OrdenarPerSeleccio (tTaulaInt& t, int N) {
    int pos;
    for (int i=0;i<N-1;i++){
        //Trobem la posició del mínim en t[i..N-1]
        pos=PosicioMin(t,N,i);
        //Intercanviem valors, si fóra el cas
         if (t[pos]<t[i])
            IntercanviarValors(t,i,pos);

        //Escrivim la taula per veure el procés d'ordenació de la taula
        cout << "Taula després de la iteració "<< (i+1) << endl;
        cout << "------------------------------------"<< endl;
        EscriureTaula(t,N);
        cout << "------------------------------------"<< endl;
    }
}

//Programa principal de prova
int main() {
    tTaulaInt t; //Taula d'enters a ordenar
    int N;       //Nombre d'elements a la taula
    //Cridem l'acció per omplir la taula amb valors
    LlegirTaula(t,N);
```

```
    cout << "Taula introduïda:"<< endl;
    EscriureTaula(t,N);
    cout << "-------------------------------"<< endl;

    //Cridem l'acció per ordenar la taula
    OrdenarPerSeleccio(t,N);

    //Cridem l'acció per escriure la taula ordenada
    cout <<"Taula ordenada:"<<endl;
    EscriureTaula(t,N);
    cout << "-------------------------------"<< endl;
    return 0;
}
```

Activitat 2: Editeu, compileu i executeu el programa següent d'ordenació per inserció.

//Programa per ordenar una taula d'enters pel mètode d'ordenació per inserció

```
#include <stdio.h>
#include <stdlib.h>
#include <iostream>

const int DIMENSIO=20;

typedef int tTaulaInt[DIMENSIO];
```

//Acció per llegir valors enters pel canal d'entrada i omplir una taula
```
void LlegirTaula (tTaulaInt& t,int& N) {
    cout << "Introdueix el valor de N: ";
    cin >> N;
    cout << "Introdueix "<< N << " valors:";
    for (int i=0;i<N;i++)
        cin >> t[i];
}
```

//Acció per escriure una taula pel canal de sortida
```
void EscriureTaula (const tTaulaInt& t,int N) {
    for (int i=0;i<N;i++)
        cout << t[i] << ' ';

    cout << endl;
}
```

//Acció per ordenar una taula d'enters pel mètode d'inserció
```
void OrdenarPerInsercio(tTaulaInt& t, int N){
    int i=1;
    while (i < N ){
        //Cerquem la posició d'inserció i desplacem els elements
        int j=i-1;   int x=t[i];
        while(j>0 && x<t[j]){
```

```
            t[j+1]=t[j]; //Desplacem elements a la dreta
            j--;         //Ens movem una posició a l'esquerra
        }
        //Es compleix que: t[j]<=x. Inserim x
        if (t[j]<=x) t[j+1]=x;
        else {
            //L'element x=t[i] és el més petits de tots, ha d'anar a la
            //1a posició de la taula
            t[1]=t[0];t[0]=x;
        }

        //Escrivim la taula per veure el procés d'ordenació de la taula
        cout << "Taula després de la iteraci "<< i << endl;
        cout << "--------------------------------"<< endl;
        EscriureTaula(t,N);
        cout << "--------------------------------"<< endl;
        i++;
    }
}

//Programa principal de prova
int main() {
    tTaulaInt t; //Taula d'enters a ordenar
    int N;       // Nombre d'elements a la taula
    //Cridem l'acció per omplir la taula amb valors
    LlegirTaula(t,N);
    cout << "Taula introduïda:"<< endl;
    EscriureTaula(t,N);
    cout << "--------------------------------"<< endl;

    //Cridem l'acció per ordenar la taula
    OrdenarPerInsercio(t,N);

    //Cridem l'acció per escriure la taula ordenada
    cout <<"Taula ordenada:"<<endl;
    EscriureTaula(t,N);
    cout << "--------------------------------"<< endl;
    return 0;
}
```

Activitat 3: Editeu, compileu i executeu el programa següent per provar el mètode d'ordenació **sort** de biblioteca.

//Programa per veure l'ús del mètode d'ordenació sort de biblioteca

```
#include <stdio.h>
#include <stdlib.h>
#include <iostream>
#include<algorithm>
```

```
const int DIMENSIO=20;

typedef int tTaulaInt[DIMENSIO];

//Acció per llegir valors enters pel canal d'entrada i omplir una taula
void LlegirTaula (tTaulaInt& t,int& N) {
    cout << "Introdueix el valor de N: ";
    cin >> N;
    cout << "Introdueix "<< N << " valors:";
    for (int i=0;i<N;i++)
        cin >> t[i];
}

//Acció per escriure una taula pel canal de sortida
void EscriureTaula (const tTaulaInt& t,int N) {
    for (int i=0;i<N;i++)
        cout << t[i] << ' ';

    cout << endl;
}

//Programa principal de prova
int main() {
    tTaulaInt t; //Taula d'enters a ordenar
    int N;          // Nombre d'elements a la taula
    //Cridem l'acció per omplir la taula amb valors
    LlegirTaula(t,N);
    cout << "Taula introduïda:"<< endl;
    EscriureTaula(t,N);
    cout << "-------------------------------"<< endl;

    //Cridem el mètode sort per ordenar la taula
    sort(t,t+N);

    //Cridem l'acció per escriure la taula ordenada
    cout <<"Taula ordenada:"<<endl;
    EscriureTaula(t,N);
    cout << "-------------------------------"<< endl;
    return 0;
}
```

Activitat 4: Editeu, compileu i executeu el programa següent de la cerca linial en taules ordenades.

```
#include <stdio.h>
#include <stdlib.h>
#include <iostream>

const int DIMENSIO=20;

typedef int tTaulaInt[DIMENSIO];
```

```
//Acció per llegir valors enters pel canal d'entrada i omplir una taula
void LlegirTaula (tTaulaInt& t,int& N) {
    cout << "Introdueix el valor de N: ";
    cin >> N;
    cout << "Introdueix "<< N << " valors:";
    for (int i=0;i<N;i++)
        cin >> t[i];
}


//Acció per escriure una taula pel canal de sortida
void EscriureTaula (const tTaulaInt& t,int N) {
    for (int i=0;i<N;i++)
        cout << t[i] << ' ';

    cout << endl;
}

// Acció per ordenar una taula d'enters pel mètode d'inserció
void OrdenarPerInsercio(tTaulaInt& t, int N){
    int i=1;
    while (i < N ){
        //Cerquem la posició d'inserció i desplacem els elements
        int j=i-1;  int x=t[i];
        while(j>0 && x<t[j]){
            t[j+1]=t[j]; //Desplacem elements a la dreta
            j--;         //Ens movem una posició a l'esquerra
        }
        //Es compleix que: t[j]<=x. Inserim x
        if (t[j]<=x) t[j+1]=x;
        else {
            //L'element x=t[i] és el més petits de tots, ha d'anar a la
            //1a posició de la taula
            t[1]=t[0];t[0]=x;
        }
        i++;
    }
}


//Acció per cercar un element x en el segment t[in..fi] d'una taula d'enters
//ordenada. Retorna la posició de l'element trobat o -1 en cas contrari
int CercaLinialTaulaOrd(const tTaulaInt& t, int in, int fi, int x){
    int i = in;
    while (i < fi && t[i]<x){
        cout << "--------------------------------"<< endl;
        cout << "Iteracio "<< i+1 << endl;
        for (int j=i;j<i;j++)
                cout << t[j] << " ";
        cout << "["<<t[i]<< "] \t x="<<x;
        i++;
    }
```

```
        //Comprovem el resultat de cerca
        if (t[i]==x) return i; else return -1;
}


///Programa principal de prova
int main() {
        tTaulaInt t;  //Taula d'enters a ordenar
        int N;         // Nombre d'elements a la taula
        //Cridem l'acció per omplir la taula amb valors
        LlegirTaula(t,N);
        cout << "Taula introduïda:"<< endl;
        EscriureTaula(t,N);
        cout << "---------------------------------"<< endl;

        //Cridem l'acció per ordenar la taula, per exemple la del mètode inserció
        OrdenarPerInsercio(t,N);
        cout << "Taula ordenada:"<< endl;
        EscriureTaula(t,N);
        cout << "---------------------------------"<< endl;

        cout << "Introdueix el valor a cercar:  ";
        int x; cin >> x;

        //Cridem la funció de cerca
        int pos=CercaLinialTaulaOrd(t,0,N-1,x);
        if (pos!=-1)
              cout << "Element trobat a la posició:  "<< pos << endl;
        else
              cout << "No s'ha trobat l'element!"<< endl;
        return 0;
}
```

Activitat 5: Editeu, compileu i executeu el programa següent de la cerca binària en taules ordenades.

```
#include <stdio.h>
#include <stdlib.h>
#include <iostream>

const int DIMENSIO=20;

typedef int tTaulaInt[DIMENSIO];

//Acció per llegir valors enters pel canal d'entrada i omplir una taula
void LlegirTaula (tTaulaInt& t,int& N) {
    cout << "Introdueix el valor de N: ";
    cin >> N;
    cout << "Introdueix "<< N << " valors:";
    for (int i=0;i<N;i++)
        cin >> t[i];
}
```

```
//Acció per escriure una taula pel canal de sortida
void EscriureTaula (const tTaulaInt& t,int N) {
    for (int i=0;i<N;i++)
        cout << t[i] << ' ';

    cout << endl;
}


// Acció per ordenar una taula d'enters pel mètode d'inserció
void OrdenarPerInsercio(tTaulaInt& t, int N){
    int i=1;
    while (i < N ){
        //Cerquem la posició d'inserció i desplacem els elements
        int j=i-1;  int x=t[i];
        while(j>0 && x<t[j]){
            t[j+1]=t[j]; //Desplacem elements a la dreta
            j--;             //Ens movem una posició a l'esquerra
        }
        //Es compleix que: t[j]<=x. Inserim x
        if (t[j]<=x) t[j+1]=x;
        else {
            //L'element x=t[i] és el més petits de tots, ha d'anar a la
            //1a posició de la taula
            t[1]=t[0];t[0]=x;
        }
        i++;
    }
}


//Acció per fer cerca binària d'un element x en el segment t[in..fi] d'una taula d'enters
//ordenada. Retorna la posició de l'element trobat o -1 en cas contrari
int CercaBinaria(tTaulaInt& t, int in, int fi, int x) {
    while (in <= fi) {
        //Calculem el punt mitjà
        int mig = (in + fi) / 2;
        cout << "Inici: "<< in << " Final:  "<< fi << " Punt mig:  "<< mig
            << " Valor:  "<< t[mig] << endl;
        if (x > t[mig]){
            in = mig + 1; //Cerquem en la 2a meitat de la taula
            cout << "Cerquem en la 2a meitat"<< endl;
            cout << "------------------------------------"<<endl;
        }
        else if (x < t[mig]){
            fi = mig - 1; //Cerquem en la 1a meitat de la taula
            cout << "Cerquem en la 1a meitat de la taula"<< endl;
            cout << "------------------------------------"<<endl;
        }
        else{
            return mig;  //Element trobat: retorna la posició
```

```
            cout << "Element trobat a la posició: "<< mig << endl;
            cout << "-------------------------------------"<<endl;
        }
    }
    return -1;     //No s'ha trobat l'element
}


///Programa principal de prova
int main() {
      tTaulaInt t; //Taula d'enters a ordenar
      int N;          // Nombre d'elements a la taula
      //Cridem l'acció per omplir la taula amb valors
      LlegirTaula(t,N);
      cout << "Taula introduïda:"<< endl;
      EscriureTaula(t,N);
      cout << "-------------------------------"<< endl;

      //Cridem l'acció per ordenar la taula, per exemple la del mètode inserció
      OrdenarPerInsercio(t,N);
      cout << "Taula ordenada:"<< endl;
      EscriureTaula(t,N);
      cout << "-------------------------------"<< endl;

      cout << "Introdueix el valor a cercar: ";
      int x; cin >> x;

      //Cridem la funció de cerca
      int pos=CercaBinaria(t,0,N-1,x);
      if (pos!=-1)
            cout << "Element trobat a la posició: "<< pos << endl;
      else
            cout << "No s'ha trobat l'element!"<< endl;
      return 0;
}
```

Activitat 6: Editeu, compileu i executeu el programa següent per provar el mètode de cerca `binary_search` de biblioteca.

//Programa per veure l'ús del mètode de cerca binary_search de biblioteca

```
#include <stdio.h>
#include <stdlib.h>
#include <iostream>
#include<algorithm>

const int DIMENSIO=20;

typedef int tTaulaInt[DIMENSIO];
```

```
//Acció per llegir valors enters pel canal d'entrada i omplir una taula
void LlegirTaula (tTaulaInt& t,int& N) {
    cout << "Introdueix el valor de N: ";
    cin >> N;
    cout << "Introdueix "<< N << " valors:";
    for (int i=0;i<N;i++)
        cin >> t[i];
}


//Acció per escriure una taula pel canal de sortida
void EscriureTaula (const tTaulaInt& t,int N) {
    for (int i=0;i<N;i++)
        cout << t[i] << ' ';

    cout << endl;
}


//Programa principal de prova
int main() {
    tTaulaInt t;  //Taula d'enters a ordenar
    int N;           // Nombre d'elements a la taula
    //Cridem l'acció per omplir la taula amb valors
    LlegirTaula(t,N);
    cout << "Taula introduïda:"<< endl;
    EscriureTaula(t,N);
    cout << "----------------------------------"<< endl;

    //Cridem el mètode sort per ordenar la taula
    sort(t,t+N);

    cout << "Taula ordenada:"<< endl;
    EscriureTaula(t,N);
    cout << "----------------------------------"<< endl;

    cout << "Introdueix l'element a cercar:  ";
    int x; cin >> x;

    //Cridem el mètode binary_search per cercar l'element a la taula
    if (binary_search(t,t+N,x)) cout << "Element trobat!";
    else cout << "Element no trobat!";
    return 0;
}
```

7.5.2 Segona part: programes per completar

Useu els programes de l'apartat anterior per implementar programes que se us proposen en les activitats
següents:

Activitat 1: Modifiqueu el Programa 1 per tal que, donada una taula i un valor k, calculi els k primers
elements ordenats.

Activitat 2: Modifiqueu algun dels programes Programa 1 o Programa 2 per tal d'ordenar alafabèticament una taula d'`string`s.

Activitat 3: Useu el programa de l'apartat anterior per tal de cercar un `string` donat en una taula d'`string`s prèviament ordenada.

7.5.3 Tercera part: programes per desenvolupar

Activitat 1: Implementeu un programa que defineixi un tipus `tEstudiant` que consti dels camps `nom`, `cognom`, `nota` i després ordeni de major a menor una taula d'estudiants segons el camp `nota`. Per a això, implementeu prèviament una funció de comparació

```
bool Comparar(const tEstudiant& e1, const tEstudiant& e2)
```

que retorni `true` en cas que la nota de l'estudiant `e1` sigui més petita o igual que la de l'estudiant `e2` i `false` en cas contrari. Utilitzeu aquesta funció per implementar el mètode d'ordenació.

Activitat 2: Implementeu un programa que manté una taula de mesures (vegeu Programa 2, Subsecció 6.5.1), que llegeix del canal d'entrada les dades d'una nova mesura i la insereix *ordenadament* segons la data a la taula de les mesures. Consulteu el projecte resolt (vegeu Annex A).

7.6 Activitats opcionals

Implementeu programes per resoldre els següents problemes. Utilitzeu els programes fets anteriorment:

Activitat 1: Un conegut festival de cançons necessita un programa que faci el següent:

- Defincixi un tipus tupla `tPais` que consti dels camps `pais`, `puntuacio`.

- Mantingui una taula de 26 països ordenada segons la puntuació, de major a menor.

- Actualitzi les puntuacions dels països després dels punts de la votació d'un país. Una votació consta de 26 valors enters (entre 0 i 12) que representen puntuacions per cadascun dels 26 països. L'actualització ha de deixar la taula ordenada. Hi haurà un total de 26 rondes d'actualització (una per a cada país).

- Escrigui per al canal de sortida la taula de països després de cada actualització.

Bibliografia

1. Fatos Xhafa, Pere-Pau Vázquez, Jordi Marco, Xavier Molinero, Angela Martín: *Programación en C++ para Ingenieros*, Thomson-Paraninfo 2006, Capítol 9.

2. Nicolai Josuttis, *The C++ standard library a tutorial and handbook*, Reading, Massachusetts Addison-Wesley, 1999 (disponible biblioteca BRGF, Barcelona, versió paper i digital)

3. Standard Template Library: http://www.sgi.com/tech/stl/

Referències

1. Xavier Franch, Jordi Marco, Xavier Molinero, Jordi Petit i Fatos Xhafa: *Fonaments de Programació: Problemes resolts*, Edicions UPC 2006

2. David Gallardo, Ed Burnette, Robert McGovern: *Eclipse in Action*, Ed. Manning, 2003

3. Nicolai Josuttis: *The C++ standard library a tutorial and handbook.* Reading, Massachusetts Addison-Wesley, 1999 (disponible biblioteca BRGF, Barcelona, versió paper i digital)

4. Luis Joyanes Aguliar: *Programación en C++*, McGraw-Hill 2002

5. Brian W. Kernighan and Dennis M. Ritchie: *La Práctica de la Programación*, Prentice Hall 1999

6. Sherry Shavor, Jim D'Anjou, Scott Fairbrother, Dan Kehn, John Kellerman, Pat McCarthy: *The Java Developer's Guide to Eclipse*, Ed. Addisson-Wesley 2003

7. Standard Template Library: http://www.sgi.com/tech/stl/

8. Fatos Xhafa, Pere-Pau Vázquez, Jordi Marco, Xavier Molinero, Angela Martín: *Programación en C++ para Ingenieros*, Thomson-Paraninfo 2006

Apèndix A

Projecte resolt

A.1 Enunciat

Una empresa de medi ambient vol fer un estudi sobre la contaminació acústica a la ciutat de Terrassa. Per a això ha posat un cert nombre de sensors que estan programats per mesurar el nivell de soroll en diferents dies de la setmana i enviar la mesura màxima del dia a un ordenador central de l'empresa. Cada sensor s'identifica amb el seu número i té associades, a part de les mesures que pren i del dia en què les pren, informació del punt físic on està situat en la ciutat com ara el nom del lloc i una descripció textual del lloc (objectes que hi ha a prop, etc).

Implementeu un programa en C++ per tal que en primer lloc llegeixi per al canal d'entrada les dades de les zones en que s'ha dividit la ciutat que mai seran més de 20, les dades dels sensors ubicats a la ciutat amb un màxim de 200 (sense que hi hagi més de 10 per zona) i les mesures rebudes dels sensors amb un màxim de 100 per sensor; i, a continuació, permeti a l'usuari calcular diferents estadístiques utilitzant les següents opcions:

ajuda	: Mostrar totes les opcions que pot fer l'usuari
ciutat	: Mostrar la mitjana de contaminació a la ciutat
zona z	: Mostrar la mitjana de contaminació de la zona *z*
sensor s	: Mostrar la mitjana de contaminació del sensor *s*
dciutat d1 d2	: Mostrar la mitjana de contaminació a la ciutat entre les dates d1 i d2
dzona s d1 d2	: Mostrar la mitjana de contaminació de la zona *z* entre les dates *d1* i *d2*
dsensor s d1 d2	: Mostrar la mitjana de contaminació del sensor *s* entre les dates *d1* i *d2*
màxima	: Mostrar quan i on s'ha detectat el valor màxim
mínima	: Mostrar quan i on s'ha detectat el valor mínim
sortir	: Sortir del programa

Les dades de les zones en que s'ha dividit la ciutat són una seqüència de tripletes: *identificador* (un enter), *nom* (un *string*) i *descripció* (un *string*) finalitzada amb l'identificador 0. L'identificador és un número més gran que zero i no pot estar repetit a la seqüència. A continuació es mostra un exemple d'aquesta seqüència:

$$
\begin{array}{lll}
1 & \text{zona1} & \text{descripcio1} \\
2 & \text{zona2} & \text{descripcio2} \\
& \vdots & \\
n & \text{zona}n & \text{descripcion}n \\
0 & &
\end{array}
$$

Les dades dels sensors que s'han ubicat a la ciutat són una seqüència de parelles: *identificador del sensor* (un enter) i *identificador de la zona on està ubicat* finalitzada amb l'identificador de sensor 0.

Igual que en el cas de les zones els identificadors de sensor són estrictament positius i no poden estar repetits. Un exemple d'aquesta seqüència seria:

$$
\begin{array}{cc}
1 & 1 \\
2 & 6 \\
3 & 1 \\
4 & 2 \\
\vdots & \\
n & 3 \\
0 &
\end{array}
$$

Per últim, les dades de les mesures rebudes dels sensors són una seqüència de tripletes: *identificador del sensor*, *data de la mesura* (un enter amb format AAAAMMDD) i valor de la mesura (un real) finalitzada amb l'identificador de sensor 0. Seguidament es mostra un exemple d'aquesta seqüència:

$$
\begin{array}{ccc}
1 & 20060122 & 0.2 \\
2 & 20060122 & 0.3 \\
3 & 20060122 & 0.17 \\
2 & 20060123 & 0.21 \\
\vdots & & \\
3 & 20060615 & 0.3 \\
0 & &
\end{array}
$$

A.2 Disseny de les estructures de dades

De l'enunciat del problema es desprèn que ens cal una estructura de dades per guardar les dades per al control sonor de la ciutat. Concretament, necessitem mantenir una llista amb la informació de tots els sensors i una altra llista amb la informació de totes les zones. En conseqüència definim el tipus `tControlSonor` com una tupla amb un camp per cada llista:

```
struct tControlSonor {
    tLlistaSensors llSensors;
    tLlistaZones llZones;
};
```

A continuació definírem els tipus: `tLlistaSensors` i `tLlistaZones`. Com en ambdós casos el nombre d'elements a mantenir a la llista no és constant, per a la seva definició utilitzarem taules parcialment omplertes amb longitud:

```
struct tLlistaSensors {
    tTaulaSensors sensors;
    int nSensors;
};

struct tLlistaZones {
    tTaulaZones zones;
    int nZones;
};
```

on els tipus `tTaulaSensors` i `tTaulaZones` són respectivament una taula de sensors de mida `MAXSENSORS` i una taula de zones de mida `MAXZONES`:

```
typedef tSensor tTaulaSensors[MAXSENSORS];

typedef tZonaCiutat tTaulaZones[MAXZONES];
```

El tipus **tSensor** que hem introduït haurà d'emmagatzemar les dades d'un sensor. Concretament, el seu identificador que és un número enter, l'identificador de la zona on està ubicat que també és un enter i una llista de totes les mesures enviades pel sensor. Per altra banda, el tipus **tZonaCiutat** haurà d'emmagatzemar les dades d'una zona de la ciutat. Concretament, el seu identificador, el seu nom, la seva descripció i una llista amb els sensors situats a la zona. Per tal que les estadístiques per zona es puguin fer de forma eficient, a la llista de sensors situats a una zona mantindrem la posició (un enter) que ocupa el sensor dins de la llista de sensors en lloc de l'identificador:

```
struct tSensor {
    int identificador;
    int zonaUbicacio;
    tLlistaMesures llMesures;
};

struct tZonaCiutat {
    int identificador;
    string nom;
    string descripcio;
    tLlistaSensorsZona llSensors;
};
```

Per a la definició dels tipus: **tLlistaMesures** i **tLlistaSensorsZona** utilitzarem taules parcialment omplertes amb longitud:

```
struct tLlistaMesures {
    tTaulaMesures mesures;
    int nMesures;
};

struct tLlistaSensorsZona {
    tTaulaSensorsZona sensors;
    int nSensors;
};
```

on els tipus **tTaulaMesures** i **tTaulaSensorsZona** són respectivament una taula de mesures de mida **MAXMESURES** i una taula d'enters, corresponents a les posicions que ocupen els sensors de la zona dins de la llista de sensors, de mida **MAXSENSORSZONA**:

```
typedef tMesura tTaulaMesures[MAXMESURES];

typedef int tTaulaSensorsZona[MAXSENSORSZONA];
```

Per últim definim el tipus **tMesura** com una tupla amb un camp real per al valor de la mesura i un camp enter per a la data en la que va se pressa. En aquest cas la data es defineix com un enter amb format AAAAMMDD que és com es reb del sensor:

```
struct tMesura {
    int data;
    double mesura;
};
```

Finalment declarem les constants utilitzades amb els valors donats a l'enunciat:

```
const int MAXZONES = 20;
const int MAXSENSORS = 200;
const int MAXSENSORSZONA = 10;
const int MAXMESURES = 100;
```

A.3 Anàlisi descendent del programa

Primer nivell del disseny descendent

El programa que hem de dissenyar ha de fer, primerament, la lectura de les dades de control sonor i a continuació ha de anar llegint i processant les opcions introduïdes per l'usuari fins que aquest introdueix l'opció *sortir*. Per tant, tenim una seqüència d'opcions acabada amb l'opció *sortir* a la qual, per resoldre el problema, aplicarem l'esquema de recorregut. En aquest cas, la inicialització del tractament consisteix en llegir les dades de control sonor, per al que utilitzarem una acció que anomenem llegirDadesControlSonor. Per al tractament d'element en curs utilitzarem una acció que anomenem tractarOpcio. Com una vegada l'usuari a introduït l'opció *sortir* el programa no ha de fer res, el tractament final és buit. Així, el primer nivell de l'anàlisi descendent ens proporciona el programa principal que donem a continuació:

```
int main(void) {
    tControlSonor CS;
    string opcio;

    llegirDadesControlSonor(CS);
    cin >> opcio;
    while(opcio != "sortir") {
        tractarOpcio(CS,opcio);
        cin >> opcio;
    }
    return 0;
}
```

Segon nivell del disseny descendent

El pas següent en el disseny del programa és el disseny de les accions llegirDadesControlSonor() i tractarOpcio().

L'acció llegirDadesControlSonor() rebrà com a paràmetre la tupla de les dades de control sonor. Aquest paràmetre és de sortida ja que la seva inicialització es farà en l'acció i, per tant, el pas de paràmetre es farà per referència.

De l'enunciat, podem extreure la informació que, per llegir les dades de control sonor, hi ha quatre tasques principals a realitzar, l'una rera l'altra:

1. Inicialitzar les dades de control sonor.

2. Llegir la informació de les zones de la ciutat emmagatzemant-les a la llista de zones.

3. Llegir la informació dels sensors instal·lats a la ciutat emmagatzemant-los a la llista de sensors i actualitzant la zona corresponent.

4. Llegir les mesures enviades pels sensors.

En conseqüència, dissenyarem l'acció `llegirDadesControlSonor()` utilitzant quatre accions, una per a cadascuna de les tasques descrites, que definirem al proper nivell:

```
void llegirDadesControlSonor(tControlSonor &CS) {
    inicialitzarControlSonor(CS);
    llegirZones(CS.llZones);
    llegirSensors(CS);
    llegirMesures(CS);
}
```

Quant a l'acció `tractarOpcio()`, aquesta rebrà com a paràmetres la tupla de les dades de control sonor, per poder realitzar les estadístiques de les dades, i l'opció escollida per l'usuari. Tots dos són paràmetres d'entrada ja que en cap cas s'ha de modificar els seus valors. Per evitar la còpia de les dades el pas de paràmetres es fa per referència constant en lloc de per valor.

L'implementació d'aquesta acció consisteix, bàsicament, en una estructura alternativa que realitza un procés o un altre depenent del valor de l'opció. S'introdueixen noves accions per realitzar els diferents processos, les quals es definiran en el proper nivell:

```
void tractarOpcio(const tControlSonor &CS, const string &opcio){
    int id, data1, data2, posSensor, posZona, idSensor, idZona;
    tMesura mesura; mesura.mesura = 0.0;
    if(opcio == "ciutat") {
        cout << "La mitjana de contaminació a la ciutat és: "
            << mitjanaCiutat(CS) << endl;
    }
    else if (opcio == "zona") {
        cin >> id;
        posZona = cercarZona(CS.llZones,id);
        if(posZona >= 0) {
            cout << "La mitjana de contaminació a la zona "<< id
                << " és: "<< mitjanaZona(CS.llZones.zones[posZona],CS.
                                        llSensors)
                << endl;
        }
        else {
            cout << "Zona Inexistent"<< endl;
```

```
        }
    }
    else if (opcio == "sensor") {
        cin >> id;
        posSensor = cercarSensor(CS.llSensors,id);
        if(posSensor >= 0) {
            cout << "La mitjana de contaminació al punt on és el sensor "
                << id << " és:  "
                << mitjanaSensor(CS.llSensors.sensors[posSensor])
                << endl;
        }
        else {
            cout << "Sensor Inexistent"<< endl;
        }
    }
    else if (opcio == "dciutat") {
        cin >> data1 >> data2;
        cout << "La mitjana de contaminació a la ciutat "
                << "entre les dates "<< data1 << " i "<< data2
                << " és:  "<< mitjanaCiutatDates(CS,data1,data2) << endl;
    }
    else if (opcio == "dzona") {
        cin >> id >> data1 >> data2;
        cin >> id;
        posZona = cercarZona(CS.llZones,id);
        if(posZona >= 0) {
            cout << "La mitjana de contaminació a la zona "<< id
                << " és:  "<< mitjanaZona(CS.llZones.zones[posZona],CS.
                                            llSensors)
                << endl;
        }
        else {
            cout << "Zona Inexistent"<< endl;
        }
    }
    else if (opcio == "dsensor") {
        cin >> id >> data1 >> data2;
        posSensor = cercarSensor(CS.llSensors,id);
        if(posSensor >= 0) {
            cout << "La mitjana de contaminació al punt on és el sensor "
                << id << " entre les dates "<< data1 << " i "
                << data2 << " és:  "
                << mitjanaSensorDates(CS.llSensors.sensors[posSensor],data1,
                                        data2)
                << endl;
        }
        else {
            cout << "Sensor Inexistent"<< endl;
        }
    }
```

```
    else if (opcio == "maxima") {
        mesuraMaxima(CS.llSensors,idZona,idSensor,mesura);
        cout << "La mesura màxima s'ha detectat al sensor "<< idSensor
             << " situat a la zona "<< idZona << " el dia "<< mesura.data
             << " amb un valor de "<< mesura.mesura << " db"<< endl;
    }
    else if (opcio == "minima") {
        mesuraMinima(CS.llSensors,idZona,idSensor,mesura);
        cout << "La mesura mínima s'ha detectat al sensor "<< idSensor
             << " situat a la zona "<< idZona << " el dia "<< mesura.data
             << " amb un valor de "<< mesura.mesura << " db"<< endl;
    }
    else if (opcio == "ajuda") {
        mostrarOpcions();
    }
}
```

Tercer nivell del disseny descendent

Ara seguim amb el disseny de les accions que han aparegut al nivell anterior. Comencem per l'acció
`inicialitzarControlSonor()`. Aquesta acció té com a paràmetre de sortida les dades del control sonor
per tal de inicialitzar-les i, per tant, el pas de paràmetres es fa per referència. Per inicialitzar les dades de
control sonor, cal inicialitzar les dues llistes com a buides. Tot i que es podria fer directament assignant un
zero al nombre d'elements de cada una de les llistes s'utilitzen dues accions per tal de fer-ho independent
de l'estructura de dades utilitzada per la llista:

```
    void inicialitzarControlSonor(tControlSonor &CS) {
        inicialitzarLlistaZones(CS.llZones);
        inicialitzarLlistaSensors(CS.llSensors);
    }
```

A continuació, de les tres accions de lectura, `llegirZones()`, `llegirSensors()` i
`llegirMesures()`, es desenvolupa només l'acció `llegirSensors()` que és una mica més complexa ja
que ha d'actualitzar la llista d'identificadors de sensors de la zona corresponent. Les altres dues es
resolen de forma similar i el seu codi es pot trobar a la secció A.4. L'acció `llegirSensors()` té associada
una seqüència d'identificadors acabada amb el valor 0. Per a la lectura de tots els sensors s'ha d'aplicar
l'esquema de recorregut a aquesta seqüència on el tractament consisteix en llegir el codi de la zona on
està ubicat el sensor, buscar la zona a la llista de zones, si aquesta és correcta afegir el sensor a la llista
de sensors, tot inicialitzant prèviament la seva llista de mesures, i per últim afegir a la llista de sensors
de la zona la posició que ocupa dins de la llista de sensors. Per la cerca de la zona s'utilitza una funció
que retorna la posició dins de la llista on es troba la zona amb l'identificador donat; si la zona no hi és a
la llista retorna un valor negatiu:

```
    void llegirSensors(tControlSonor &CS) {
        tSensor s;
        int posZona;
        cin >> s.identificador;
```

```
    while(s.identificador > 0) {
        cin >> s.zonaUbicacio;
        posZona = cercarZona(CS.llZones,s.zonaUbicacio);
        if(posZona >= 0) {
            inicialitzarLlistaMesures(s.llMesures);
            afegirSensor(CS.llSensors,s);
            afegirSensorZona(CS.llZones.zones[posZona].llSensors,
                    CS.llSensors.nSensors-1);
        }
        cin >> s.identificador;
    }
}
```

Al mateix nivell d'anàlisi descendent tenim les accions i funcions per realitzar els càlculs corresponents a les diferents opcions, que hem utilitzat a l'acció `tractarOpcio()`, definida al nivell anterior. De totes elles es desenvolupa a continuació l'acció `mitjanaZona()`. L'aplicació de l'anàlisi descendent a la resta d'accions es proposa com a exercici. El codi de totes les accions i funcions resultants es pot trobar a la secció A.4.

Per realitzar la mitjana de contaminació sonora d'una zona de la ciutat s'ha de recórrer tota la llista de sensors de la zona i, accedint a la posició que ocupa dins la llista de sensors, sumar la mitjana de totes les seves mesures a la suma de la zona. S'han de descartar tots aquells sensors que no han pres cap mesura i, per tant, la seva mitjana és 0. Notem que també s'ha de considerar la possibilitat de que cap sensor d'una zona així enviat mesures per evitar dividir per 0:

```
double mitjanaZona(const tZonaCiutat &zona,const tLlistaSensors & llSensors) {
    double suma = 0.0, m;
    int i, posSensor, n;
    n = 0;
    for(i = 0; i < zona.llSensors.nSensors; i++) {
        posSensor = zona.llSensors.sensors[i];
        m = mitjanaSensor(llSensors.sensors[posSensor]);
        if(m > 0.0) {
            suma = suma + m;
            n++;
        }
    }
    if(n == 0) return 0;
    return suma/double(n);
}
```

Quart nivell del disseny descendent

En aquest nivell s'han de dissenyar totes les accions que s'han utilitzar per inicialitzar les llistes i per afegir elements a les llistes. Com per totes les llistes s'han utilitzat taules parcialment omplertes amb longitud, es desenvolupen a continuació només una de cada, ja que totes es resolen de la mateixa manera.

Per a la inicialització d'una llista implementada amb una taula parcialment omplerta amb longitud només s'ha d'assignar un 0 al camp corresponent al nombre d'elements que hi ha a la llista:

```
void inicialitzarLlistaMesures(tLlistaMesures &llMesures) {
    llMesures.nMesures = 0;
}
```

D'altra banda per afegir un nou element a la llista s'ha d'afegir al final de la taula i augmentar amb una unitat el nombre de elements. Notem, que no cal comprovar que hi cap a la taula ja que l'enunciat diu explícitament que mai se superaran el màxim d'elements que es correspon a la mida de la taula:

```
void afegirSensor(tLlistaSensors &llSensors, const tSensor s) {
    llSensors.sensors[llSensors.nSensors] = s;
    llSensors.nSensors++;
}
```

La funció `cercarZona()` fa una cerca de la zona segons el camp *identificador*. En cas que la zona amb l'identificador especificat existeixi retorna la seva posició dins de la taula de les zones i en cas contrari retorna el valor -1:

```
int cercarZona(const tLlistaZones &llZones,int idZona){
    int i, pos;
    bool trobat = false;
    i = 0; pos = -1;
    while(i < llZones.nZones && !trobat) {
        if(llZones.zones[i].identificador == idZona) {
            trobat = true;
            pos = i;
        }
        else {
            i++;
        }
    }
    return pos;
}
```

Per a la mitjana de les mesures presses per un sensor s'utilitza una funció per sumar totes les mesures per poder-la aprofitar per altres processos evitant haver de resoldre el mateix subproblema:

```
double mitjanaSensor(const tSensor &sensor) {
    if(sensor.llMesures.nMesures == 0) return 0.0;
    return sumaMesures(sensor.llMesures)/double(sensor.llMesures.nMesures);
}
```

Cinquè nivell del disseny descendent

Per últim es dissenya la funció `sumaMesures()` que fa un recorregut de la llista de mesures sumant els seus elements:

```
double sumaMesures(const tLlistaMesures &llMesures) {
```

```
        double suma = 0.0;
        for(int i=0; i < llMesures.nMesures; i++)
                suma = suma + llMesures.mesures[i].mesura;
        return suma;
    }
```

A.4 El programa

A continuació donem el codi complet en C++ del programa dissenyat anteriorment. Noteu que hem omès els comentaris només perquè aquests ja apareixen a la secció precedent. En situacions reals, el codi també hauria de contenir la documentació. Observeu també que hem canviat l'ordre de la definició dels tipus per tal que qualsevol tipus hagi estat definit abans de la seva primera utilització, tal com estableix el llenguatge de programació C++:

```
#include <cstdlib>
#include <iostream>
#include <string>

using namespace std;

const int MAXZONES = 20;
const int MAXSENSORS = 200;
const int MAXSENSORSZONA = 10;
const int MAXMESURES = 100;

typedef int tTaulaSensorsZona[MAXSENSORSZONA];

struct tLlistaSensorsZona {
    tTaulaSensorsZona sensors;
    int nSensors;
};

struct tZonaCiutat {
    int identificador;
    string nom;
    string descripcio;
    tLlistaSensorsZona llSensors;
};

typedef tZonaCiutat tTaulaZones[MAXZONES];

struct tLlistaZones {
    tTaulaZones zones;
    int nZones;
};

struct tMesura {
    int data;
```

```
        double mesura;
};

typedef tMesura tTaulaMesures[MAXMESURES];

struct tLlistaMesures {
    tTaulaMesures mesures;
    int nMesures;
};

struct tSensor {
    int identificador;
    int zonaUbicacio;
    tLlistaMesures llMesures;
};

typedef tSensor tTaulaSensors[MAXSENSORS];

struct tLlistaSensors {
    tTaulaSensors sensors;
    int nSensors;
};

struct tControlSonor {
    tLlistaSensors llSensors;
    tLlistaZones llZones;
};

struct tEstadisticaCiutat {
        double mitjanaZones[MAXZONES];
        int nZones;
};


void inicialitzarControlSonor(tControlSonor &CS);
void inicialitzarLlistaZones(tLlistaZones &llZones);
void inicialitzarLlistaSensorsZona(tLlistaSensorsZona &llSensors);
void inicialitzarLlistaSensors(tLlistaSensors &llSensors);
void inicialitzarLlistaMesures(tLlistaMesures &llMesures);
void llegirZones(tLlistaZones &llZones);
void llegirSensors(tControlSonor &CS);
void afegirSensorZona(tLlistaSensorsZona &llSensors, int pos);
void llegirMesures(tControlSonor &CS);
void llegirDadesControlSonor(tControlSonor &CS);
void afegirZona(tLlistaZones &llZones, const tZonaCiutat z);
void afegirSensor(tLlistaSensors &llSensors, const tSensor s);
void afegirMesura(tLlistaMesures &llMesures, const tMesura m);
int cercarPosicioInsercio(const tLlistaMesures &llMesures, int data);
void desplazarMesures(tLlistaMesures &llMesures, int i);
int  cercarSensor(const tLlistaSensors &llSensors, int idSensor);
```

```
int  cercarZona(const tLlistaZones &llZones, int idZona);
void tractarOpcio(const tControlSonor &CS, const string &opcio);
double mitjanaCiutat(const tControlSonor &CS);
double mitjanaZona(const tZonaCiutat &zona, const tLlistaSensors &llSensors);
double mitjanaSensor(const tSensor &sensor);
double mitjanaCiutatDates(const tControlSonor &CS, int d1, int d2);
double mitjanaZonaDates(const tZonaCiutat &zona, const tLlistaSensors &llSensors,
                        int d1, int d2);
double mitjanaSensorDates(const tSensor &sensor, int d1, int d2);
double sumaMesures(const tLlistaMesures &llMesures);
void sumaMesuresDates(const tLlistaMesures &llMesures, int d1, int d2,
                      double &suma, int &n);
void mesuraMaxima(const tLlistaSensors &llSensors, int &idZona, int &idSensor,
                  tMesura &mesuraMax);
void mesuraMinima(const tLlistaSensors &llSensors, int &idZona, int &idSensor,
                  tMesura &mesuraMin);
tMesura mesuraMaximaSensor(const tLlistaMesures &llMesures);
tMesura mesuraMinimaSensor(const tLlistaMesures &llMesures);
void mostrarOpcions();

int main(void) {
    tControlSonor CS;
    string opcio;

    llegirDadesControlSonor(CS);
    cin >> opcio;
    while(opcio != "sortir") {
        tractarOpcio(CS,opcio);
        cin >> opcio;
    }
    return 0;
}

double mitjanaCiutat(const tControlSonor &CS) {
    double suma = 0.0, m;
    int i, n;
    n = 0;
    for(i = 0; i < CS.llZones.nZones; i++) {
        m = mitjanaZona(CS.llZones.zones[i],CS.llSensors);
        if(m > 0.0) {
            suma = suma + m;
            n++;
        }
    }
    if(n == 0) return 0;
    return suma/double(n);
}

double mitjanaZona(const tZonaCiutat &zona,const tLlistaSensors & llSensors) {
    double suma = 0.0, m;
```

```
    int i, posSensor, n;
    n = 0;
    for(i = 0; i < zona.llSensors.nSensors; i++) {
        posSensor = zona.llSensors.sensors[i];
        m = mitjanaSensor(llSensors.sensors[posSensor]);
        if(m > 0.0) {
            suma = suma + m;
            n++;
        }
    }
    if(n == 0) return 0;
    return suma/double(n);
}


double mitjanaSensor(const tSensor &sensor) {
    if(sensor.llMesures.nMesures == 0) return 0.0;
    return sumaMesures(sensor.llMesures)/double(sensor.llMesures.nMesures);
}


double mitjanaCiutatDates(const tControlSonor &CS,int d1, int d2) {
    double suma = 0.0, m;
    int i, n;
    n = 0;
    for(i = 0; i < CS.llZones.nZones; i++) {
        m = mitjanaZonaDates(CS.llZones.zones[i],CS.llSensors,d1,d2);
        if(m > 0.0) {
            suma = suma + m;
            n++;
        }
    }
    if(n == 0) return 0;
    return suma/double(n);
}


double mitjanaZonaDates(const tZonaCiutat &zona, const tLlistaSensors &llSensors,
                        int d1, int d2) {
    double suma = 0.0, m;
    int i, posSensor, n;
    n = 0;
    for(i = 0; i < zona.llSensors.nSensors; i++) {
        posSensor = zona.llSensors.sensors[i];
        m = mitjanaSensorDates(llSensors.sensors[posSensor],d1,d2);
        if(m > 0.0) {
            suma = suma + m;
            n++;
        }
    }
    if(n == 0) return 0;
    return suma/double(n);
}
```

```
double mitjanaSensorDates(const tSensor &sensor, int d1, int d2) {
    double suma;
    int n;
    sumaMesuresDates(sensor.llMesures,d1,d2,suma,n);
    if(n == 0) return 0;
    return suma/double(n);
}


double sumaMesures(const tLlistaMesures &llMesures) {
    double suma = 0.0;
    for(int i=0; i < llMesures.nMesures; i++)
        suma = suma + llMesures.mesures[i].mesura;
    return suma;
}


void sumaMesuresDates(const tLlistaMesures &llMesures, int d1, int d2,
                      double &suma, int &n) {
    bool trobat = false;
    int i;
    i = 0;
    while(i< llMesures.nMesures &&  !trobat) {
        if(llMesures.mesures[i].data >= d1) trobat = true;
        else i++;
    }
    n = 0;
    suma = 0.0;
    while(i < llMesures.nMesures && llMesures.mesures[i].data <= d2) {
        suma = suma + llMesures.mesures[i].mesura;
        n++;
        i++;
    }
}


void mesuraMaxima(const tLlistaSensors &llSensors, int &idZona, int &idSensor,
                  tMesura &mesuraMax) {
    tMesura m;
    mesuraMax.mesura = 0.0;
    for(int i=0; i < llSensors.nSensors; i++) {
        m = mesuraMaximaSensor(llSensors.sensors[i].llMesures);
        if (m.mesura > mesuraMax.mesura) {
            mesuraMax = m;
            idSensor = llSensors.sensors[i].identificador;
            idZona = llSensors.sensors[i].zonaUbicacio;
        }
    }
}


void mesuraMinima(const tLlistaSensors &llSensors, int &idZona, int &idSensor,
                  tMesura &mesuraMin) {
```

```
    tMesura m;
    mesuraMin.mesura = 10000.0;
    for(int i=0; i < llSensors.nSensors; i++) {
        m = mesuraMinimaSensor(llSensors.sensors[i].llMesures);
        if (m.mesura < mesuraMin.mesura) {
            mesuraMin = m;
            idSensor = llSensors.sensors[i].identificador;
            idZona = llSensors.sensors[i].zonaUbicacio;
        }
    }
}

tMesura mesuraMaximaSensor(const tLlistaMesures &llMesures) {
    tMesura max;
    max.mesura = 0.0;
    for(int i=0; i < llMesures.nMesures; i++) {
        if(llMesures.mesures[i].mesura > max.mesura) max = llMesures.mesures[i];
    }
    return max;
}

tMesura mesuraMinimaSensor(const tLlistaMesures &llMesures) {
    tMesura min;
    min.mesura= 10000;
    for(int i=0; i < llMesures.nMesures; i++) {
        if(llMesures.mesures[i].mesura < min.mesura) min = llMesures.mesures[i];
    }
    return min;
}

void tractarOpcio(const tControlSonor &CS, const string &opcio){
    int id, data1, data2, posSensor, posZona, idSensor, idZona;
    tMesura mesura; mesura.mesura = 0.0;
    if(opcio == "ciutat") {
        cout << "La mitjana de contaminació a la ciutat és:  "
            << mitjanaCiutat(CS) << endl;
    }
    else if (opcio == "zona") {
        cin >> id;
        posZona = cercarZona(CS.llZones,id);
        if(posZona >= 0) {
            cout << "La mitjana de contaminació a la zona "<< id
                << " és:  "<< mitjanaZona(CS.llZones.zones[posZona],CS.
                                            llSensors)
                << endl;
        }
        else {
            cout << "Zona Inexistent"<< endl;
        }
    }
```

```cpp
else if (opcio == "sensor") {
    cin >> id;
    posSensor = cercarSensor(CS.llSensors,id);
    if(posSensor >= 0) {
        cout << "La mitjana de contaminació al punt on és el sensor "
            << id << " és: "
            << mitjanaSensor(CS.llSensors.sensors[posSensor])
            << endl;
    }
    else {
        cout << "Sensor Inexistent"<< endl;
    }
}
else if (opcio == "dciutat") {
    cin >> data1 >> data2;
    cout << "La mitjana de contaminació a la ciutat "
        << "entre les dates "<< data1 << " i "<< data2
        << " és: "<< mitjanaCiutatDates(CS,data1,data2) << endl;
}
else if (opcio == "dzona") {
    cin >> id >> data1 >> data2;
    cin >> id;
    posZona = cercarZona(CS.llZones,id);
    if(posZona >= 0) {
        cout << "La mitjana de contaminació a la zona "<< id
            << " és: "<< mitjanaZona(CS.llZones.zones[posZona],CS.
                                    llSensors)
            << endl;
    }
    else {
        cout << "Zona Inexistent"<< endl;
    }
}
else if (opcio == "dsensor") {
    cin >> id >> data1 >> data2;
    posSensor = cercarSensor(CS.llSensors,id);
    if(posSensor >= 0) {
        cout << "La mitjana de contaminació al punt on és el sensor "
            << id << " entre les dates "<< data1 << " i "
            << data2 << " és: "
            << mitjanaSensorDates(CS.llSensors.sensors[posSensor],data1,
                                    data2)
            << endl;
    }
    else {
        cout << "Sensor Inexistent"<< endl;
    }
}
else if (opcio == "maxima") {
    mesuraMaxima(CS.llSensors,idZona,idSensor,mesura);
```

```
            cout << "La mesura màxima s'ha detectat al sensor "<< idSensor
                 << " situat a la zona "<< idZona << " el dia "<< mesura.data
                 << " amb un valor de "<< mesura.mesura << " db"<< endl;
        }
        else if (opcio == "minima") {
            mesuraMinima(CS.llSensors,idZona,idSensor,mesura);
            cout << "La mesura mínima s'ha detectat al sensor "<< idSensor
                 << " situat a la zona "<< idZona << " el dia "<< mesura.data
                 << " amb un valor de "<< mesura.mesura << " db"<< endl;
        }
        else if (opcio == "ajuda") {
            mostrarOpcions();
        }
    }
}

void mostrarOpcions() {
    cout << "\tajuda:          mostra aquest menu"<< endl
         << "\tciutat:         mostra la mitjana de contaminació a la ciutat"
         << endl
         << "\tzona z:         mostra la mitjana de contaminació a la zona z"
         << endl
         << "\tsensor s:       mostra la mitjana de contaminació al sensor s"
         << endl
         << "\tdciutat d1 d2:  mostra la mitjana de contaminació a la ciutat"
         << " entre les dates d1 i d2"<< endl
         << "\tdzona z d1 d2:  mostra la mitjana de contaminació a la zona z"
         << " entre les dates d1 i d2"<< endl
         << "\tdsensor s d1 d2: mostra la mitjana de contaminació al sensor s"
         << " entre les dates d1 i d2"<< endl
         << "\tmaxima:         mostra quan i on s'ha detectat el valor màxim"
         << "\tminima:         mostra quan i on s'ha detectat el valor mínim"
         << "\tsortir:         surt del programa"<< endl;
}

void llegirDadesControlSonor(tControlSonor &CS) {
    inicialitzarControlSonor(CS);
    llegirZones(CS.llZones);
    llegirSensors(CS);
    llegirMesures(CS);
}
void llegirZones(tLlistaZones &llZones) {
    tZonaCiutat z;
    cin >> z.identificador;
    while(z.identificador > 0) {
        cin >> z.nom >> z.descripcio;
        inicialitzarLlistaSensorsZona(z.llSensors);
        afegirZona(llZones,z);
        cin >> z.identificador;
    }
}
```

```
void afegirZona(tLlistaZones &llZones, const tZonaCiutat z) {
    llZones.zones[llZones.nZones] = z;
    llZones.nZones++;
}


void llegirSensors(tControlSonor &CS) {
    tSensor s;
    int posZona;
    cin >> s.identificador;
    while(s.identificador > 0) {
        cin >> s.zonaUbicacio;
        posZona = cercarZona(CS.llZones,s.zonaUbicacio);
        if(posZona >= 0) {
            inicialitzarLlistaMesures(s.llMesures);
            afegirSensor(CS.llSensors,s);
            afegirSensorZona(CS.llZones.zones[posZona].llSensors,CS.llSensors.
                    nSensors-1);
        }
        cin >> s.identificador;
    }
}


void afegirSensor(tLlistaSensors &llSensors, const tSensor s) {
    llSensors.sensors[llSensors.nSensors] = s;
    llSensors.nSensors++;
}


void afegirSensorZona(tLlistaSensorsZona &llSensors, int pos) {
    llSensors.sensors[llSensors.nSensors] = pos;
    llSensors.nSensors++;
}


void llegirMesures(tControlSonor &CS) {
    int idSensor;
    tMesura m;
    int posSensor = 0;
    cin >> idSensor;
    while(idSensor > 0) {
        cin >> m.data >> m.mesura;
        posSensor = cercarSensor(CS.llSensors,idSensor);
        if(posSensor >= 0) {
            afegirMesura(CS.llSensors.sensors[posSensor].llMesures,m);
        }
        cin >> idSensor;
    }
}


int cercarSensor(const tLlistaSensors &llSensors,int idSensor){
    int i, pos;
```

```
        bool trobat = false;
        i = 0; pos = -1;
        while(i < llSensors.nSensors && !trobat) {
            if(llSensors.sensors[i].identificador == idSensor) {
                trobat = true;
                pos = i;
            }
            else {
                i++;
            }
        }
        return pos;
    }


    int cercarZona(const tLlistaZones &llZones,int idZona){
        int i, pos;
        bool trobat = false;
        i = 0; pos = -1;
        while(i < llZones.nZones && !trobat) {
            if(llZones.zones[i].identificador == idZona) {
                trobat = true;
                pos = i;
            }
            else {
                i++;
            }
        }
        return pos;
    }
    int cercarPosicioInsercio(const tLlistaMesures &llMesures, int data){
        int i;
        bool trobat = false;
        i = 0;
        while(i < llMesures.nMesures && !trobat) {
            if(llMesures.mesures[i].data > data) {
                trobat = true;
            }
            else {
                i++;
            }
        }
        return i;
    }
    void desplazarMesures(tLlistaMesures &llMesures, int i) {
        int j = llMesures.nMesures;
        while(i < j) {
            llMesures.mesures[j] = llMesures.mesures[j-1];
            i++;
        }
    }
```

```
void afegirMesura(tLlistaMesures &llMesures, const tMesura m) {
    int i;
    i = cercarPosicioInsercio(llMesures,m.data);
    desplazarMesures(llMesures,i);
    llMesures.mesures[i] = m;
    llMesures.nMesures++;
}

void inicialitzarControlSonor(tControlSonor &CS) {
    inicialitzarLlistaZones(CS.llZones);
    inicialitzarLlistaSensors(CS.llSensors);
}

void inicialitzarLlistaZones(tLlistaZones &llZones) {
    llZones.nZones = 0;
}

void inicialitzarLlistaSensorsZona(tLlistaSensorsZona &llSensors) {
    llSensors.nSensors = 0;
}

void inicialitzarLlistaSensors(tLlistaSensors &llSensors) {
    llSensors.nSensors = 0;
}

void inicialitzarLlistaMesures(tLlistaMesures &llMesures) {
    llMesures.nMesures = 0;
}
```

Apèndix B

Operacions bàsiques del tipus `string`

El tipus `string` ofereix operacions bàsiques que fan que es "comporti" com un tipus bàsic. Concretament, la seva interfície `string.h` de la llibreria estàndard STL ofereix, entre d'altres, les operacions (els operadors) que es donen a continuació (suposem que s1, s2 i s3 són objectes de tipus `string` prèviament declarat):

L'operador d'assignació =

- Podem assignar a un `string` un literal de cadena: `string s1 = "Una cadena";`

- Podem assignar a un `string` un altre `string`: `string s2 = s1;`. Òbviament, si fem `s1 = "";` faria que `s1` sigui l'`string` buit!

Operadors de comparació

Hi ha definits els operadors de comparació:

- `==`, `!=` per saber si dos `string`s són iguals o diferents, respectivament. S'usen com habitualment en expressions lògiques com ara `if (s1 == s2)`... o `if (s1 != s2)` ...

- $<, <=, >>=$ per saber si un `string` és més petit que un altre segons l'ordre alfabètic.

L'operador [] per accedir a un caràcter de la cadena

Aquest operador s'usa com habitualment en les taules: `s1[i]` dóna el caràcter que ocupa la posició i-èssima. Així, `s1[2]` donaria el caràcter 'a' (recordeu que el primer caràcter és a la posició 0 de l'`string`).

Operació per saber la longitud de l'string

Hi ha definit dos mètodes, el `length()` i el `size()`, que quan s'apliquen sobre un objecte de tipus `string` donen la longitud (el nombre de caràcters) de l'`string`. Així, la sentència `cout << s1.size();` escriuria 23.

Aquest mètode combinat amb l'operador [] és de força utilitat quan volem recórrer als caràcters de l'`string`, fent una estructura repetitiva, com la que segueix:

```
string s = "007 J. Bond!";
int nbLletres = 0;
for (int i=0;i<s.size();i++)
    if (('a'<= s[i] && s[i] <= 'z') ||('A'<= s[i] && s[i] <= 'Z')) nbLletres++;
```

comptaria quantes lletres hi ha a l'`string` s.

Operació de suma (concatenació)

Els `strings` es poden sumar usant l'operador `+`. Així, `string s3 = s1 + s2;` faria que `s1` es concateni amb `s2` i deixi l'`string` resultant a `s3`.

Operacions de lectura i escriptura

- L'operador `>>` del `cin` es pot usar per llegir `strings` sense espais enmig (`string s; cin >> s;`).

- Si l'`string` té espais enmig, podem usar el mètode `getline` com segueix: `getline(cin,s);` que llegiria la línia del canal d'entrada i la deixària a `s`.

- L'escriptura es fa amb l'operador habitual `<<` de `cout` (`cout << s;`).